압구정에는 다 계획이 있다

압구정에는 다 계획이 있다

평범한 초등 교사가 말하는
압구정 육아의 모든 것

임여정 지음

살림

추천사

"사회 과학은 인간의 마음에서 출발한다" 이 자명한 명제가 책을 읽는 내내, 내 머릿속을 맴돌았다. 저자의 육아 스토리에서 아이들과 부모들의 마음이 구체적으로 생생하게 다가왔기 때문이다.

그렇다. 이 책은 구체적 현실을 꿴 교육적 논의로, 난해한 통상의 유아 교육 이론 서적들과는 확연히 궤를 달리한다. 저자는 압구정동이라는 소위 '앞서간다는 한국 영유아 교육'의 현장에서, 영유아들에게 어떤 일들이 벌어지고 있는지를 직관적으로 알려준다. 그녀의 이야기는 우리 모두를 공감시키는 교육 소설처럼, 흥미롭고 읽기 쉽게, 그러나 무거운 톤으로 가슴을 후비면서 슬프게 다가왔다. 그 순간 나는 저자가 교육 현장을 직접 살아가는 아이 엄마이자, 영유아들이 초등학교에 진학한 뒤까지 함께하는 초등학교 교사이며, 서울대 대학원 교육학 박사인 교육학자라는 사실을 기억해 냈다. 저자와 책의 특징이 오버랩 되었다.

저자는 압구정동에 사는 두 아이의 엄마이다. 이 책에서는 이곳에서 산 경험에서 나온 실용적 정보를 조곤조곤 알려 주고 있다. 영유아를 둔 부모들에게 이 정보들은 꽤 쓸 만할 것이다. 예컨대 베이비시터 면접 팁, 중고 고급 육아 용품을 싸게 사는 팁, 산후조리원의 종류와 실태, 놀이학교와 어린이집의 비교 등에 관한 정보를 저자는 솔직하고 적나라하게 알려준다.

그러나 저자는 현상을 있는 그대로 묘사하는 데서 멈추지 않는다. 교육학자로서의 예리한 눈으로 독자들을 사유하게 만든다. 압구정 육아가 왜 그렇게 아이들을 영어 학습의 구덩이에 함몰하게 만드는지 (예: 좋은 영어 유치원 입학을 위한 과외, 초등 어학원 레벨 테스트 준비를 위한 프렙 학원 등) 그 메커니즘을 해부하고, 사회과학자들의 꿈인 '인과적 설명'까지도 완수하고 있다.

저자는 사유의 늪에서 고투하고 끝나는 것이 아니라, 행동적 실천까지 행하고 있다. 자신의 아이를 영어 유치원이 아닌 어린이집에 보내면서, 그녀는 용감하게 압구정 육아 관행에서 탈출하고 있었다. 두 아이에게 사회성·정서적 안정감·사고력을 길러주는 교육 활동을 모색하고 실행하였다. 육아를 교육학 이론이나 사회의 기대 혹은 부모의 욕심이 아닌 '온전히' 아이의 마음을 들여다보는 일에서 시작하였기 때문이다.

이 책은 육아에 대한 실용적 정보 탐색·학문적 성찰·행동적 실천 등에 이르기까지 저자의 피나는 방황과 고민의 여정을 그린

자전적 기록물이다. 이에 부모들과 영유아 교육자는 물론 행정가들에게 『압구정에는 다 계획이 있다』를 필독서로 감히 추천하는 바이다. 이 책은 그런 대접을 받을 만하다.

서울대 명예교수 이미나

프롤로그

외지인의 시선에서 바라보다

압구정에는 대를 이어 사는 사람들이 많다. 자신이 나고 자란 곳에서, 또 자신의 아이를 낳고 키우며 그렇게 살아간다. 그렇다 보니 압구정에는 3대가 모여 살기도 한다. 압구정의 백화점에 가면 할머니, 할아버지와 함께 온 아이들을 흔하게 볼 수 있는 이유이다. 요즘은 대학을 가고, 직장을 다니고, 결혼을 하며 가족들과 떨어져 사는 경우가 많다는데, 이곳의 분위기는 사뭇 다르다. 실제로 동네 엄마들의 이야기를 들어보면, 친정을 비롯해 친척 및 시댁까지 모두 압구정에 모여 사는 경우도 많다. 심지어 아는 엄마는 시댁과 친정이 모두 한 아파트에 산다. 이렇게 압구정은 온 가족이 모여 사는 거대한 성과 같은 곳이다.

처음 내가 압구정에 들어왔을 때 느꼈던 감정은, '아, 여긴 정말 다른 세상이구나!'였다. 이곳은 지금까지 내가 알던 세상과는 전혀 다른 곳이었다. 그러나 정작 이곳에서 나고 자라, 대를 이어 사는 사람들은 그것을 의식하지 못하는 듯 보였다. 놀이터에는 엄마보다 시터가 많고, 그 앞을 지나가는 평범해 보이는 할머니는 에르메스 백을 들고 있다. 전국에 몇 대 없다는 차가 심심치 않게 보이고, 이름만 대면 알 법한 유명 인사들이 걸어 다닌다.

다른 세상에서 나고 자란 이곳 사람들은 이곳의 방식에 익숙하다. 육아도 마찬가지다. 갓난아기 때부터 시터 손에 자란 부모들은, 출산을 하면 자연스럽게 시터를 고용한다. 아이가 자라면 본인이 그랬듯 다양한 고가의 사교육을 시킨다. 어린이집 대신 놀이학교를 보내고, 일반 유치원 대신 영어 유치원을 보낸다. 아이가 좀 더 커서 학교를 갈 때가 되면 모두가 사립 초등학교나 국제 학교를 우선순위에 둔다. 물론 유학 보낼 시기도 틈틈이 계산하고 있다.

분명 일반적인 세상의 흐름과는 많이 다르지만 이곳에서는 이러한 방식이 오히려 익숙하고 자연스럽다. 대부분의 부모들은 본인이 자란 방식대로 아이들을 키운다. 옳고 그름이나 좋고 나쁨을 고민하고 판단하기에, 그 방식은 이미 너무 당연한 듯 보인다. 하지만 외지인에게 이곳은 생각하고, 고민하고, 선택해야 할 것투성이다. 안 그래도 육아는 어렵다는데, 새로운 세상에서 시작하는 육아는 더욱 어렵다. 지금부터 나는 외지인의 시선에서 바라본 압구정의 육아에 대해서 말해보고자 한다.

(차례)

추천사 5
프롤로그_외지인의 시선에서 바라보다 8

제1장 평범한 초등 교사, 압구정맘이 되다

엄마가 되기 전엔 이해할 수 없었던 것들 16
10살짜리 아이가 시험지를 고친 이유는? 21
이상한 나라, 압구정에 들어오다 25
압구정, 그곳이 알고 싶다 30
동네 친구를 만들기 위해 '강남맘 카페'에 가입하다 34
출산을 준비하며 알게 된 것들 38

제2장 압구정의 육아는 산후조리원에서부터 시작된다

김태희가 선택한 산후조리원에 가다 44
프리미엄 산후조리원 내에도 꼬리칸은 존재한다 50
프리미엄 산후조리원의 서비스는 입소 전부터 시작된다 52
프리미엄 산후조리원의 서비스는 퇴소 후에도 계속된다 55

제3장 압구정의 시터 문화

조리원이 천국이라는 말은 혹시 조리원 밖은 지옥이라는 말인가요? 62
압구정에서 시터 없는 엄마 찾기란 사막에서 바늘 찾기 67
시터를 쓰는 것은 쉽지만, 시터를 잘 쓰는 것은 어렵다 71
시터를 잘 쓴다는 것 76
좋은 시터를 만나는 것은 삼대가 덕을 쌓아야 가능하다 80
거짓말쟁이 시터 일화 85

제4장 압구정 영유아 사교육의 세계

압구정의 사교육은 돌 전에 시작된다	92
압구정의 아기들은 어린이집을 안 가고 어디를 갈까?	100
어린이집에는 있지만 놀이학교에는 없는 것들, 그리고 그로 인해 생긴 일들	105
놀이학교 퇴소 후 이야기	111
매년 10월이면 압구정에는 전쟁이 난다	116

제5장 영어 유치원 편

4세, 입시를 준비할 나이	122
30분에 15만 원인 5세 입시 과외가 있었다	129
영어 유치원에서는 영어를 끝내야 한다	133
영어 유치원을 다니려면 과외를 해야 한다고요?	139
우리 아이는 학습식 영어 유치원을 좋아해요. 사실일까?	143
7세에 영어 유치원을 그만두는 이유	149
영어 유치원은 영어를 배우는 곳인가, 영어로 배우는 곳인가?	152

제6장 압구정 사교육 열풍의 민낯

엄마들의 학원 쇼핑, 내 아이의 재능 찾기	164
학원은 엄마의 불안을 건드리고, 엄마의 불안은 아이의 자존감을 건드린다	167
창의력을 길러준다는 체험 수업의 허점에 대하여	170
당신의 아이가 학원에선 고1 수학을 배워도, 5학년 학교 시험은 100점을 못 맞는 이유	174
미국에선 학교를 잘 다니던 아이가 한국 영어 학원에 오면 벼락 바보가 되는 이유	178

제7장 압구정의 가정 교육

압구정에는 화목한 가족들이 많다	182
압구정의 아이들은 순하다	186
순한 것과 순응적인 것은 한 끗 차이다	191
티셔츠 한 장에 30만 원짜리를 입는 아이들	195
가족 식사는 허기를 채우는 것 이상의 의미를 지닌다	199
압구정에는 부모는 없고 학부모만 가득하다	204

제8장 압구정 엄마들의 사생활

압구정의 엄마들이 호텔에 가는 이유	210
SNS 속의 그녀를 믿지 마세요	216
압구정 엄마들은 스스로 행복해지는 방법을 알고 있다	219
압구정 엄마들 모임의 필수품은 에르메스 백 혹은 자존감이다	223
돈 잘 쓰는 엄마들	228
엄마라는 이름의 의리는 압구정에서도 통용된다	233
대기 없이 유치원에 입학하는 방법, 압구정 엄마들의 인맥	236
부자들은 건강을 운에 맡기지 않는다	240

제9장 육아에서 돈으로 살 수 있는 것들

부모는 누구나 내 아이에게 가장 좋은 것을 주고 싶다	246
누구나 편하게 육아하고 싶다	250
그럼에도 육아에는 돈으로 살 수 없는 것이 있다	254
압구정의 슬기로운 코로나 생활	261

제10장 아이가 하고 싶은 말, 엄마가 하고 싶은 말

우리는 나중에 행복할 거니까 지금은 행복하지 않아도 되나요?	266
엄마, 우리는 말은 할 줄 알지만 아직 마음을 표현하기는 어려워요	270
압구정에서 일반 유치원이 사라지고 있다	273
우리가 결국 자녀에게 남겨줄 수 있는 것은 '뿌리와 날개'이다	278

에필로그_ 육아는 종교나 정치보다 예민하므로   281

제1장

평범한 초등 교사,
압구정맘이 되다

엄마가 되기 전엔
이해할 수 없었던 것들

나는 9년 차 초등 교사로, 지금은 아직 어린 두 아이를 육아하느라 휴직 중이다. 나는 25살에 교직 생활을 시작했는데, 꽤나 엄격한 선생님이었다. 그래서인지 대부분의 학생들이 나이 어린 선생님을 쉽고 편하게 생각하지만, 나는 거기서 예외였다. 일례로 내가 맡은 반은 수업 준비를 꼭 해야 한다는 규칙이 있었다. 그리고 그 규칙을 지키지 않을 경우에 아이들은 반드시 벌을 받았다 (물론 학기 초에 아이들에게 수업 준비의 중요성을 미리 말해준다). 나는 내가 열심히 수업을 준비하는 만큼, 학생들도 수업 들을 준비를 해야 한다고 생각했다. 그것이 서로에 대한 예의이자, 수업을 효과적으로 진행하는 방법이라고 믿었다.

그래서 당시의 나는 연륜 있는 선배 교사들의 행동을 이해하지 못하는 순간들이 많았다. 선배 교사들은 아이들이 규칙을 지키지 않아도 크게 혼내지 않고 넘어가는 경우가 많았다. 심각한 일이 아니라면 아이들은 그럴 수 있다며 웃어넘겼다. 줄을 안 서도, 숙제를 안 해도, 친구랑 싸워도 그랬다. 하지만 의욕 넘치던 20대의 나는 달랐다. 실수를 하거나 잘못한 아이가 있으면 늘 아이를 불러 이유를 묻고 혼을 내고 바꾸려 노력했다. 그게 교사의 본분이라고 생각했었다.

그런데 어느덧 두 아이를 낳고 34살의 엄마가 되니, 당시의 선배 교사들이 이제는 이해가 되기 시작했다. 내가 아이를 키워 보니 아이들은 원래 잘 실수하고, 잊고, 이를 또 반복한다. 그러니 큰 실수나 심각한 잘못이 아니라면 매번 지적하고 혼내는 것보다는, '아이들은 원래 그렇지 뭐' 하며 넘기는 것도 괜찮은 방법이라는 생각을 하게 된다.

무엇보다 내가 직접 아이를 기관에 보내 보니, 아이의 잘잘못을 떠나 내 아이가 선생님께 혼이 나고 오면 엄마는 마음이 아프다. 물론 잘못을 하면 혼나야 하고 고쳐야 하는 것은 아는데, 엄마는 일단 안쓰러운 마음이 먼저다. 그러니 큰일이 아니라면, 때로는 엄마의 마음으로 웃어넘기는 것도 괜찮겠다는 생각도 든다. 어떤 교육 방법이 옳다 그르다의 문제가 아니라, 아이를 키워본 사람만이 가질 수 있는 포용력과 유연함이 생긴 것이다.

젊은 시절, 학교에서 내가 이해할 수 없었던 것이 하나 더 있었는데, 바로 강남의 초등학생은 라떼와(나 때와) 너무 다르다는 것이다. 그곳은 '라떼는 말이야'가 전혀 통하지 않는 곳이었다. 나의 초임 발령지는 불행인지 다행인지, 학군이 좋기로 유명하여 '위장 전입'까지 하는 대치동 근처의 초등학교였다(다행이었던 이유는 아이들이 순해서였고, 불행이었던 이유는 학부모들의 치맛바람이 25살의 교사가 감당하기 힘들 만큼 거세서였다). 나에게는 첫 발령지였지만 다양한 지역의 학생들을 경험한 선배 교사들은, 이곳의 아이들을 '그림 같다'고 표현했다. 그만큼 그곳의 아이들은 대부분 선생님 말을 잘 듣고, 열심히 공부했으며, 순한 편이었다.

발령을 받고 얼마 되지 않았을 때였다. 5학년 아이들에게 몇 시에 자느냐고 물은 적이 있었다. 놀랍게도 아이들의 대부분이 12시가 넘어서 잔다고 대답했다. 이유를 물으니, 아이들은 학원 숙제가 많아서 그전에는 잘 수 없다고 대답했다. 심지어는 학원이 끝난 후에 독서실을 다닌다는 아이도 꽤 있었다. 나는 당시의 충격을 아직도 잊지 못한다. 물론 15년 전의 이야기이지만 나는 초등학교 6학년까지 공부 관련 학원을 다녀본 적이 없었다. 독서실은 당연히 고등학생이 되어서야 갔고 그마저도 가서 졸기 바빴다. 처음에는 거짓말하지 말라며 아이들을 의심했고, 나중에는 힘들겠다며 진심 어린 위로를 건넸다. 그날 아이들은 너도나도 자신이 학원을 몇 개 다니는지, 또 얼마나 늦게 자는지 자랑 아닌 자랑을 했다. 개중에는 본인이 얼마나 좋은 학원을 다니는지, 또 학원에서도 얼마나 높은 반에 있는지를 자랑하기도 했다.

나는 이해할 수가 없었다. 고작 12살 먹은 아이들이 하루에

3~4개의 학원을 다니며 12시까지 숙제를 해야만 하는 현실에 기가 막혔다. 더욱 처참했던 것은, 소위 좋은 학원, 수준 높은 반에 다닌다고 자랑하는 꽤 많은 아이들의 실력이 실제로는 그렇지 못했기 때문이다. 당시 5학년 아이들 중에는 고등학교 수학을 하고 있는 아이도 있었다. 중학교 수학을 이미 끝내고, 수1을 하고 있다는 몇몇의 아이들은, 내가 보기에 초등학교 수학의 기초도 완벽하게 잡혀 있지 않았다. 아이들은 대부분 수학뿐 아니라 모든 과목을 적게는 1학기, 많게는 3년 이상 선행하고 있었다. 마치 구멍이 뻥 뚫린 탑 위에 계속 높이만 쌓고 있는 듯 보였다. 언제 무너져도 이상하지 않았다.

그리고 몇 년이 지나, 직접 강남 '압구정'에서 두 아이를 키워보니, 당시의 초등학생들이 그렇게 공부할 수밖에 없었던 상황을 비로소 이해할 수 있었다. 이미 이곳의 아이들은 학교를 들어가기도 훨씬 전인 4살, 5살부터 학원과 과외로 정신없이 바쁘게 살고 있었다. 대치동은 압구정보다 더하면 더했지 덜하지 않은 곳이니, 12살의 아이들이 밤늦도록 숙제를 하느라 잠을 못 자는 것은 어쩌면 당연한 일이었다. 4~5살 때부터 달려야 살아남을 수 있는 곳, 그곳이 바로 강남이었다.

내가 스물다섯이라는 어린 나이부터 교사를 하면서, 먼 훗날 아이를 낳는다면 꼭 저렇게 키우고 싶다고 생각한 아이가 한 명 있었다. 그 아이는 5학년이었는데, 당시 우리 반에서 공부를 특별히 잘하는 아이는 아니었다. 하지만 언제나 수업을 비롯한 모든 학교생활에 즐겁고 의욕적으로 참여했고, 작은 일에도 행복한 미소를 보이던 아이였다. 월요일이면 신나는 얼굴로 지난 주말에 엄마, 아빠와 놀러간 이야기를 친구들과 나에게 들려주었다. 당시 대부분의 아이들은 평일보다 주말에 가야 할 학원과 숙제가 많아서, 주말보다 평일이 좋다고 말할 정도였는데 말이다. 그 아이는 비록 우리 반 1등은 아니었지만, 분명 반에서 누구보다 가장 행복해 보였다. 아이의 모든 말과 행동에서는 숨길 수 없는 사랑스러움이 묻어났다. 말 그대로 사랑받고 자란 티가 나는 아이였다.

그리고 나는 그때의 생각에 변함이 없다. 여전히 나는 우리 아이가 반에서 공부를 제일 잘하는 아이가 되기보다는, 반에서 가장 행복한 아이였으면 좋겠다(물론 공부도 잘하고 행복한 아이면 더할 나위 없겠지만). 우리가 어른이 되어 보니, 공부를 가장 잘했던 사람이, 대학을 가장 잘 간 사람이, 취직을 가장 잘한 사람이, 언제나 가장 행복한 사람이지는 않다는 것을 알게 되었다. 물론 학벌이, 직업이, 경제적 여유가 그 사람의 행복에 전혀 영향을 미치지 않는다고는 말하지 않겠다. 그러나 그것들은 사람이 행복해지는 데 필요한 하나의 수단일 뿐이다. <u>내 아이를 행복한 아이로 키우는 것, 그것이 내가 아이를 키우는 단 하나의 목표이다.</u>

10살짜리 아이가
시험지를 고친 이유는?

 25살에 발령을 받은 나는 26살에 처음으로 담임이 되었고, 가장 예쁘다는 3학년 아이들을 맡게 되었다. 시간이 흐르며 지나간 교직 생활은 기억에서 많이 잊혀져가지만, 내가 처음으로 담임을 했던 26살 때의 1년은 여전히 기억이 생생하다. 그중에서도 가장 기억에 남는 순간을 꼽으라면, 바로 수학 단원 평가를 본 다음 날이었다.
 나는 시험을 본 후에는 언제나 아이들에게 채점한 시험지를 돌려주고 스스로 틀린 것을 확인할 수 있도록 했었다. 여느 때처럼 시험지 문제의 답을 함께 확인한 후, 혹여나 채점이 잘못된 것이 있는지 물었다. 그때 한 여학생이 슬며시 손을 들었다. 나는 그 아이에게 시험지를 가지고 앞으로 나오라고 했고, 아이는 천천히 나에게 다가왔다. 그러고는 한 문제를 가리키며 자신은 정답을 적었는데, 선생님이 틀리게 채점을 한 것 같다고 속삭이며 말했다.

아이는 불안해 보였고 위축되어 있었다.

나는 아이가 가리킨 문제를 본 순간 그 이유를 알 수 있었다. 3학년, 고작 10살의 아이는 원래 썼던 오답을 제대로 지우지도 못한 채, 오답 위에 정답을 다시 적은 것이다. 막 지운 흔적이 역력히 남아 있는 얼룩덜룩한 시험지를 보며, 나는 다른 아이들에게 들리지 않게 조용히 말했다. "선생님 생각에는 A가 답을 고친 것 같은데 아니니?" 불안하게 큰 눈을 이리저리 굴리던 아이는 아니라는 변명 한마디 못 하고 고개를 끄덕였다. 나는 아이에게 일단 자리에 돌아가 앉으라고 하고는 수업을 마무리했다.

아이들이 모두 하교한 뒤 그 아이를 다시 불렀다. 아이에게 물었다. 왜 거짓말을 했느냐고. 아이는 큰 눈에서 눈물을 뚝뚝 흘리며 대답했다. "많이 틀리면 엄마한테 맞아서요……." 그 순간 고친 시험지를 봤을 때보다도 더 빠르게 심장이 뛰었다. 반에서 키 번호가 3번일 정도로 작고 왜소한 아이였다. 아이는 지금까지 얼마나 많이 맞았을까. 아니, 아이는 얼마나 많은 시험을 맞지 않기 위해 안간힘을 썼을까. 또 얼마나 많은 순간 틀린 것을 고치고 싶은 잘못된 마음을 억누르기 위해 힘들게 버텼을까. 많은 생각이 스쳐 지나갔다.

고작 10살의 아이는 본인이 저지른 행동을 감당하기 힘들어 보였다. 나는 한참을 고민하다 아이에게 말했다. 이번 일은 부모님에게는 절대 말하지 않겠다고. 하지만 다시는 이런 행동을 하면 안 된다고. 어떤 것도 네 자신을 속이는 것보다 나쁠 수 없다고. 아마 지금의 내가 그때의 아이를 만난다면, 그때보다는 더 적극적으로 행동을 취했을 것 같다. 하지만 겨우 담임 1년 차 새내기 교사였던 나는, 혹여나 아이의 거짓말을 알게 된 부모님이 아이에게 더 심한 매질을 하지는 않을까 걱정하는 마음뿐이었던 것 같다.

물론 나는 아이의 말을 듣기 전에는 거짓말 한 그 아이를 아주 크게 혼내줄 작정이었다. 나는 원래 거짓말을 끔찍이도 싫어하는 성격이다. 그래서 늘 새 학기가 시작할 때면 학생들에게 '거짓말' 만큼은 절대 안 된다고 엄포를 놓을 정도이다. 하지만 그날만큼은 그럴 수 없었다. 아이에게만 이 일의 책임을 묻기엔, 너무 많은 어른들에게 책임이 있다는 생각이 들었다.

나는 한없이 작고 슬퍼 보이던 그날의 아이를 잊지 못한다. 10살의 아이에게 수학 문제 하나는 무슨 의미였을까. 그 아이는 수학 문제를 다 맞히면 정말 행복하기는 했을까. 아니면 엄마를 행복하게 해줄 수 있다는 마음에 안도를 했을까. 반에서도 공부를 꽤나 열심히 하던 그 아이는, 본인을 위해 공부한 것이었을까 엄마를 위한 것이었을까.

아마도 나는 그날부터 어렴풋이 다짐했던 것 같다. 적어도 단지 공부 때문에 때문에 아이를 불행하게 만드는 부모가 되지는 않겠다고. 공부를 시키게 된다면 적어도 부모의 기대를 충족시키기 위한 것이 아니라 아이의 행복을 위해서 공부시키겠다고.

이상한 나라, 압구정에 들어오다

결혼 전, 나는 평범한 초등학교 교사였다. 아주 풍족하지도, 많이 부족하지도 않은 유년 시절과 학창 시절을 보냈다. 그래도 나름 열심히 공부해서 좋은 대학에 갔고 좋은 직장을 얻었다. 하지만 청담동, 압구정은 늘 TV 속의 이야기였다. 대학교가 그 근방이라 가끔 놀러갈 때도 있었지만 그뿐이었다.

그러다 26살 때 소개팅으로 지금의 남편을 만났고, 나는 마치 앨리스가 이상한 나라에 빠지듯, TV에서만 보던 이상한 세상에 들어오게 되었다. 내가 학생이었던 때, 〈청담동 앨리스〉라는 드라마가 있었다. 청담동 며느리가 되고자 하는 여자의 이야기였다. 어렴풋이 기억나는 그 드라마가 현실이 된 것이다. 청담동에 시댁을 둔 나는 압구정에 터를 잡고 살게 되었다. 말로만 듣던 청담동 며느리, 압구정 새댁이 된 것이다.

결혼 소식을 알리자, 주변에서는 진심으로 축하를 해주는 사람도 있었다. 하지만 나를 안 좋은 시선으로 바라보는 사람들도 생겨났다. 어쩌면 당연한 일이었다. 사촌이 땅을 사면 배가 아프다는데, 나는 사촌도 아닌 남이니 말이다. 그리고 특히나 내가 몸담고 있는 학교는 굉장히 좁은 사회였다. 나에 대한 관심과 소문은 나의 의지와는 상관없이 커져만 갔다.

결혼을 앞둔 어느 날, 꽤 친하다고 생각했던 동료 선생님들과 식사를 했다. 역시나 동료 선생님들은 나의 결혼에 대해 관심이 많았다. 이런저런 이야기를 하던 중 한 동료 선생님이 이렇게 말했다. "그런데 아마 그 동네 압구정, 청담 토박이들과는 어울리기 힘들 텐데, 괜찮겠어? 선생님 경기도 출신이잖아. 청담, 압구정은 내가 사는 대치, 도곡과도 달라. 텃세가 엄청날 텐데, 잘 살 수 있겠어?"

걱정인지 저주인지 모를 그 말에, 29살의 어린 나는 화도 나고 자존심도 상했던 것 같다. 그래서 그날 그 선생님과는 2시간 가까이 말씨름을 했다. 지금이 조선 시대도 아니고 출신 지역을 따지는 것이 말이 되느냐부터, 그런 생각을 가진 사람만 사는 건 아닐 거라며 열심히 반박했었다. 물론 다음 날 그 선생님은 나에게 미안하다며 사과를 했다. 사실 지금 생각하면 그냥 그렇구나 하며 웃고 넘길 수도 있는 일이었다. 하지만 당시에는 나조차도 앞으로 펼쳐질 새로운 삶에 대한 확신이 없었던 것 같다.

그날 집으로 돌아오는 길, 나의 생각은 꼬리에 꼬리를 물었다.

'내가 어디 출신인지 물어보면 거짓말을 해야 하나?' '내가 경기도 출신인 것이 정말 문제가 될까?' '진짜 압구정에서 누구와도 못 어울리면 어떡하지?' 하지만 이내 나는 잘할 수 있다고 생각했다. 나는 스스로에 대해 자신이 있었다. 또한 사람에 대한 믿음도 있었다. 세상에는 그렇게 이상한 사람만 있지는 않을 거라는 믿음. 그리고 반드시 이곳에서 잘 지내보겠다는 다짐을 했던 것 같다.

나중에 안 사실이지만 실제로 강남은 테헤란로를 기준으로 테북과 테남으로 나뉜다. 테북은 압구정, 청담 등의 소위 '토종 부자'들이 사는 곳, 테남은 대치, 도곡, 역삼 등의 '신흥 부자'들이 사는 곳이라고 한다. 그래서 우스갯소리로 아이가 공부가 어렵다고 하면, 테남 엄마는 "학원을 옮겨보자"라고 하고 테북 엄마는 "네가 유학을 갈 때가 됐구나"라고 한다고.

그랬다. 나에게 걱정 아닌 걱정을 해준 그 선생님도 소위 강남에 사는 부자였지만, 그분이 보기에도 청담동과 압구정동의 삶은 또 다른 세상이었던 것이다.

물론 외지인의 시각에서 볼 때는 테남이든 테북이든 모두 똑같은 강남일 뿐이다. 실제로 나 또한 그랬다. 그래서 동료 선생님의 대치와 압구정은 다르다는 말도 처음에는 이해할 수 없었다. 그런데 테북에서 직접 살아보니, 테북과 테남은 생각보다 많은 차이가 있다. 나는 현재는 테북에 거주하지만 테남의 학교에서 5년간 근무한 경험이 있기 때문에, 더욱더 그 차이를 체감할 수 있었다.

한마디로 정리하자면, 테북은 전통 부자가 많고 테남은 자수성가한 전문직이 많다. 그래서 테북은 부를 물려주고, 테남은 본인의 학벌과 직업을 물려준다는 말이 있다. 테북의 사람들은 대대손손 부자인 경우가 많기 때문에, 오랜 세월 부가 축적되어 온 상태이다. 그래서 테남과는 부의 규모가 다르다. 그래서 아이가 꼭 공부를 잘하지 않더라도 충분히 자신들의 사회적, 경제적 지위를 물려줄 수 있다.

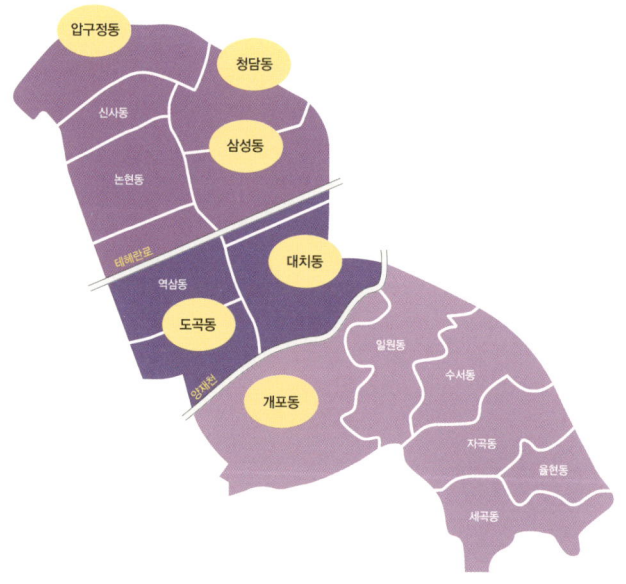

실제로 압구정과 청담에는 생각보다 학벌 좋은 사람이 많지 않다. 오히려 학벌을 세탁하기 위해 유학을 다녀온 사람들이 많다.

주변에서 유학을 다녀오지 않은 사람을 찾기가 더 힘들 정도이다. 그리고 이 동네의 대부분은 부모의 부를 물려받아 생활한다. 부모님이 운영하는 회사에서 일하거나, 부모님이 차려준 가게를 운영하거나, 그도 아니면 그냥 용돈을 받아 생활하기도 한다.

반면 태남에는 학벌이 좋은 전문직들이 많다. 실제 내가 담임을 맡은 반 아이들의 이야기에 근거하면, 50퍼센트 이상의 부모님이 의사, 약사, 판사, 변호사 같은 고소득 전문직이었다. 어떤 해에는 한 반에 의사인 아빠만 5명이 넘기도 했다. 이런 경우 분명 소득은 일반 직장인보다 많지만, 사실상 아이들에게 큰 재산을 상속하기는 어렵다. 그러므로 아이들은 열심히 공부해서 스스로 사회적, 경제적 지위를 얻어야 한다. 이러한 이유로 태남이 태북보다 학구열이 높다.

압구정, 그곳이 알고 싶다

압구정은 특이하다. 일단 이곳은 허름한 아파트들이 즐비하다. 여타 잘산다는 동네에 가면 화려한 외관의 아파트나 고급 빌라가 있는 것과는 대조적이다. 그래서 압구정을 잘 모르는 사람들이 우리 동네에 오면 의아해한다. "그렇게 부자 동네라더니 아파트가 다 왜 이렇게 낡았어?" 나 또한 그랬고, 우리 집에 놀러왔던 내 친구들 또한 그랬다.

그러나 허름한 아파트의 실체를 알게 되면 이내 놀란다. 아파트 앞에는 수입차 전시장을 방불케 할 정도로 초고가의 화려한 수입 차들이 줄지어 서 있다. 경기도에 있는 친정집 아파트에 가면 한 대도 보기 어려운 차들이, 이곳에는 열을 맞춰 서 있다. 그리고 아파트 안으로 들어가면 허름한 외관과는 대조적으로 내부는 깔끔하고 화려하다. 대부분 많은 돈을 주고 아파트를 리모델링하기 때문이다. 마지막으로 아파트의 매매가를 들으면 더욱 놀랄 수밖에 없다. 2021년 기준 35평 매매 가격이 35억(평당 1억)이었다.

놀라움의 연속인 압구정에는 중요한 특이점이 또 하나 있다. 바로 여기는 부의 대물림이 실현되는 산 현장이라는 것이다. 나는 이곳에서 약 4년간 거주했지만 부모의 도움 없이 압구정에 거주하는 사람을 한 번도 보지 못했다. 또한 압구정에는 젊은 사람보다는 노년층이 많이 거주한다. 왜냐하면 30~40대가 스스로 돈을 벌어 이곳에 거주하기에는 압구정의 집값과 물가가 터무니없이 높기 때문이다. 제아무리 높은 연봉을 받는 전문직이라 할지라도 사실상 10~20년을 일해서 30억에 달하는 집을 사는 것은 거의 불가능하다. 그래서 이 근방엔 자수성가해 집을 소유한 사람은 없다고 보는 것이 정확하다.

실제 나는 이곳에 거주하며 친해진 압구정 토박이 엄마들에게 그들의 부모님에 대한 이야기를 들었다. 그들의 부모님, 즉 아이들 조부모의 이력은 화려하기 그지없다. 1,000억대 건물주, 삼선 국회 의원, 이름만 들으면 알 만한 중견 기업 회장님까지. 그러나 정작 엄마, 아빠들의 이력은 생각만큼 화려하지는 않았다. 대치동에 비해 학구열이 떨어진다는 사실을 증명하는 동시에, 굳이 죽어라 공부할 필요성이 없다는 것을 반증하는 듯했다.

부모님의 덕을 보지 않은 사람이 없는 이 동네는 그래서인지 대부분 가족 간의 사이가 좋다. 주말이면 자주 만나 식사도 하고 가족 여행도 자주 간다. 어떤 동네 엄마는 매주 4대가 모여 식사를 한다고도 했다. 물론 진심으로 가족 간의 사이가 좋은 것인지, 여유로운 삶을 살게 해준 분들에 대한 예의인 것인지 알 수는 없었다. 다만 물보다 진한 피와 피보다 진한 돈까지 엮였으니 가족 간의 유대가 끈끈할 수밖에 없겠다는 생각이 들었다. 그렇게 이곳은 요새 보기 드문 가족 친화적인 동네였다.

동네 친구를 만들기 위해
'강남맘 카페'에 가입하다

처음 압구정에 신혼집을 구했을 때 모든 것이 너무 낯설었다. 동네는커녕 반경 30분 내에도 아는 사람이 없었다. 물론 내가 근무하는 학교가 강남이었기 때문에, 근방에 사는 직장 동료들은 있었다. 하지만 모두들 공감하겠지만 직장 동료가 진짜 친구가 되기는 힘들다. 그래서 나는 압구정에 살지만 여전히 외부인이라는 느낌을 지울 수 없었다.

그러다 결혼 한 달 만에 우리 부부에게 아기가 생겼다는 사실을 알게 되었다. 날짜를 계산해보니 확실히 '허니문 베이비'였다. 신혼을 채 한 달을 즐기지도 못했는데 아이가 생긴 것이다. 게다가 나는 입덧이 말도 못 하게 심했다. 몸무게는 39킬로그램까지 빠졌고, 하루 종일 산송장처럼 누워 있는 것이 나의 하루 일과였다. 그래서 나는 어쩔 수 없이 약 한 달간 병가를 쓰게 되었다. 병가가 끝난 이후 두 달 정도 출근했지만, 여전히 끝나지 않은 입덧 때문에 결국에는 산전 휴직을 하게 되었다.

출근을 하지 않게 된 나는 남편이 퇴근할 때까지 약 11시간을 혼자 집에 있었다. 입덧이 심했던 임신 6개월까지는 누워 있는 것 말고 할 수 있는 일이 없었다. 하지만 죽을 것 같던 입덧이 조금씩 가라앉으며 문득 동네에서 친구를 사귀어야겠다고 생각했다. 나는 극단적으로 외향적인 사람이라, 밖에 나가 사람들과 대화하고 교류하며 행복을 느낀다. 그런데 휴직을 하고 집에만 있으니 직장에서 만나던 사람조차 만날 일이 없었고, 내가 사는 이 동네에는 아는 사람이 전혀 없었다. 심지어 당시에 나는 주변 친구들에 비해 결혼이 빠른 편이라, 아기 엄마는커녕 결혼한 친구도 찾기 힘든 상황이었다. 갑자기 낯선 곳에서 임산부가 되어버린 나에게, 공감과 조언의 말을 건네줄 사람이 필요했다.

결국 스스로 동네에서 친구를 찾아야만 했다. 내가 원하는 동네 친구의 조건은 딱 두 가지였다. 임산부일 것, 근처에 거주할 것. 나와 비슷한 처지에 있어서 공감하며 대화할 수 있고 언제든 쉽게 만날 수 있는 사람이어야 했다. 물론 결혼 전 동료 선생님의 악담과도 같은 말 때문인지, 정말 동네에서 친구를 만들 수 있을지 걱정되기도 했다. 그런데 동시에 알 수 없는 오기와 자신감이 생기기도 했다. 나는 꽤나 밝은 편이었고 어딜 가나 늘 쉽게 친구를 만드는 편이었기 때문이다. 이번에도 다르지 않을 거라고 나를 다독였다. '사람 사는 것 다 비슷할 거야. 뭐 얼마나 다르겠어?'

친구를 찾는 첫 번째 방법으로 나는 강남과 압구정 지역의 맘 카페를 찾아 가입했다. 일단 지역이 강남구로 한정되니, 거기서 나와 비슷한 임신 주수의 사람들을 찾는 것은 생각보다 쉬운 일이었다. 그리고 대부분의 임산부들은 공감과 위로를 원하기 때문에 대화할 친구를 찾는 일 또한 쉬웠다. 그리고 그중 한 명은 지금까지도 친하게 만나는 육아 동지가 되었다. 물론 대부분은 온라인으로 대화하는 데 그치거나, 만나더라도 일회성 혹은 단발성으로 만나고 헤어지는 것이 보통이었다. 그래도 나의 외로움과 심심함을 채우기엔 충분했다.

두 번째 방법은 동네 백화점 문화 센터에 다니는 것이었다. 나는 체력을 회복하기 위한 산전요가 수업과 나름의 태교를 위한 꽃꽂이 수업을 들었다. 그리고 산전요가 수업에서 만난 친구 또한 현재까지 만나는 둘도 없는 육아 동지가 되었다. 그런데 나중에 안 사실이지만, 이 동네의 젊은 엄마들 중에서 백화점 문화 센터를 다니는 사람은 많지 않다. 이 근방에는 유명한 요가 학원이 있는데, 대부분이 그곳에 모여 사교의 장을 펼치는 것 같았다. 실제로 나와 함께 산전요가 수업을 듣던 친구들도 이후에 그곳으로 옮겨갔다. 어쩐지 문화 센터 수업에 가면 아줌마, 할머니만 가득하더라니.

온라인과 오프라인에서 만난 압구정의 사람들은 생각보다 평범했다. 물론 여러 외적인 조건들(집, 차, 가방 등)에 있어서는 분명 평범하지는 않았다. 그러나 그들과 만나고 대화하며 친구가 되어 가는 과정은 다른 사람들과 다를 바 없었다. 약간의 자랑이 뒤섞인 대화가 오가기도 했지만, 그것은 이 지역 사람들만의 특징은 아니라고 생각했다. 오히려 자랑의 클래스가 남다르다고 느낄 뿐이었다. 없는 사람이 있는 척하는 것은 허세이지만, 있는 사람이 있는 척하는 것은 오히려 솔직하게 느껴지기도 했다.

또한 그들은 우려했던 것과 달리 내가 경기도 출신의 사람이라는 것에 크게 신경 쓰지 않는 듯했다. 물론 이것은 나의 스스로에 대한 자신감과 떳떳함이 불러온 결과일 수 있다. 나는 기회만 생기면, 내가 경기도 출신이며 매우 평범한 집에서 자랐음을 자진해서 먼저 밝혔다(물론 직장 동료의 말이 영향을 끼쳤을 수도 있다). 혹여나 그것에 불편함을 느낀다면 그쪽에서 관계를 끊을 수 있는 기회를 먼저 주는 것이었다. 나 또한 그런 사람과 관계를 이어갈 생각이 없으므로. 물론 그러한 이유로 연락을 끊은 사람은 적어도 내 기억에는 없었다.

어찌 됐든 이렇게 아직 아이를 낳지는 않았지만, 나의 압구정맘으로서의 생활은 생각보다 순탄하게 시작되었다.

출산을 준비하며
알게 된 것들

압구정의 예비 엄마들은 태아 보험에 들지 않는다

임신 사실을 알게 되면 해야 하는 일들이 몇 가지 있다. 이를 '출산 준비'라고도 하는데, 대부분의 예비 엄마들은 임신 기간 10개월 동안 출산 준비를 차근차근 해나간다. 물론 압구정의 예비 엄마들은 대부분 더 비싸고 더 좋은 것들로 아이를 맞이할 준비한다. 최고급 육아 용품을 구매하고, 최고급 산후조리원을 예약한다. 산전 마사지나 산전요가 등 엄마의 건강한 출산을 위한 투자도 아끼지 않는다. 하지만 단 하나, '태아 보험'만큼은 예외다.

요즘 '태아 보험'은 대부분의 예비 엄마들의 가입할 정도로 필수라고 알려져 있다. 그래서 나는 막연히 이 동네의 엄마들은 태아 보험도 가장 비싼 보험, 혹은 가장 보장이 많이 되는 보험을 가입할 것이라고 생각했던 것 같다. 하지만 출산을 준비하며 주변의 엄마들과 대화를 해보니, 태아 보험을 가입하지 않는 경우가 더욱 많았다. 처음엔 이해가 가지 않았다. 하지만 이내 당연하다는 생각이 들었다.

태아 보험이란, 어린이 보험에 태아 특약을 추가한 보험이다. 임신 22주 전까지만 가입이 가능하며, 대부분은 12주에 하는 첫 기형아 검사 이전에 가입한다. 기형아 검사에서 이상 소견이 나올 경우 가입이 거절될 수 있기 때문이다. 이러한 태아 보험을 드는 목적은 출산 시 일어날 수 있는 위험과, 아이가 성장하며 생길 수 있는 질병이나 사고에 대비하기 위한 것이다. 더욱 정확히는 아이가 태어나고 자라며 겪을 사고나 재해에 감당할 수 없는 돈이 들 것을 우려하여 보험에 가입하는 것이다.

그러나 돈이 많다면 이야기는 달라진다. 혹시나 아이에게 불상사가 생기더라도, 개인의 돈으로 충분히 감당할 수 있다. 따라서 굳이 감당할 수 있는 미래의 리스크에 대비하여 현재의 돈을 버리는 행위를 할 필요가 없는 것이다. 따라서 압구정의 엄마들은 태아 보험에 들지 않는다. 같은 이유로 성인이 된 이후에도 압구정의 사람들은 보험에 가입하지 않는 경우가 많다. 실제로 남편도 현재까지 운전자 보험 이외에 가입된 보험이 없다. 물론 나는 엄마가 어려서부터 들어준 보험이 몇 개나 있는데, 이 동네의 사람들과는 정반대의 이유로 나에게는 보험이 필요했던 것이다.

군대에 가지 않아도 되는 운명으로 태어나는 남자 아이가 있다

나의 첫째는 바라던 대로 남자아이였다. 어려서부터 오빠를 갖고 싶었던 기억 때문에, 내가 아이를 낳는다면 꼭 첫째는 아들을 낳고 싶었다. 그런데 막상 배 속의 아이가 아들이라는 이야기를 들으니 벌써부터 군대 걱정이 되는 것이다. 뉴스에서 군대와 관련된 사건, 사고라도 나오면 이상하게 마음이 무거워지곤 했다.

그런데 이 동네에는 나와 같은 예비 아들맘이지만, 이런 걱정을 할 필요가 없는 사람이 꽤 있었다. 누군가는 애초에 군대에 가지 않아도 되는 운명으로 태어나는 것이다. 대표적으로 부모가 미국 시민권자인 경우, 아이는 자동으로 미국 시민권을 갖게 되므로 군대에 가지 않아도 된다. 그리고 이곳에는 여러 가지 이유로 시민권을 가진 부모들이 생각보다 많이 살고 있었다. 또한 미국에서 직접 원정 출산을 하는 경우도 드물지만 종종 있다.

누군가는 곧 탄생할 남자아이에게 줄 수 있는 가장 큰 출산 선물은 '미국 시민권'이라고도 말한다. 그만큼 우리나라에서 군대를 면제받는 것은 드문 일이다. 물론 누군가는 군대에 다녀오는 것이 아이의 성장과 발전에 있어 도움이 된다고 말할 것이다. 하지만 군대란 기본적으로 힘들고 어려운 곳이니, 부모로서 걱정이 앞서는 것은 당연한 일이다.

한국에서 나고 자란 나와 남편은 태어날 우리의 아들에게 시민

권이라는 큰 선물을 줄 수는 없었다. 우리가 할 수 있는 일이라곤 우리 아이가 군대를 갈 즈음에는 좀 더 민주적인 군대 문화가 정착되길 바라는 것뿐이었다.

제2장

압구정의 육아는
산후조리원에서부터 시작된다

김태희가 선택한 산후조리원에 가다
〈프리미엄 산후조리원 체험기〉

이런저런 경로로 사귄 압구정의 엄마들은 생각보다 평범했다. 물론 지금까지 내가 알던 세상과 많이 다르다고 느낀 순간이 없었던 것은 아니다. 그중 대표적인 것이 산후조리원에 대한 이야기다.

요즘은 임신 12주가 될 즈음부터 산후조리원을 알아봐야 한다. 특히 압구정이나 청담 근방의 인기 있는 산후조리원은 12주 이전에도 예약이 마감된다는 신기한 소문을 듣고는, 나도 성별이 나오기도 전에 소위 '산후조리원 투어'를 시작했다. 물론 당시 입덧이 심한 탓에 내가 인터넷으로 알아보면, 남편이 방문 상담을 다녀왔다. 당시 내가 알아본 산후조리원은 네 군데였는데, 우리 집에서 가까우면서도 평이 좋은 곳을 추렸다.

하루는 남편이 직접 네 군데 산후조리원에 방문하고 와서는, 나에게 A산후조리원을 갔으면 좋겠다고 이야기했다. 그리고 나는 몇 날 며칠을 고민했던 것 같다. 이유는 다름 아닌 금액 때문이었다.

남편이 권했던 산후조리원은 2주에 650만 원이나 하는 곳으로, 내가 알아보았던 네 곳의 산후조리원 중에서도 가장 비싼 곳이었다. 네 곳 중에는 이 근방에서 저렴한 축에 속하는 2주에 300만 원대의 산후조리원도 있었기 때문에 더욱더 고민이 되었다. 2배가 넘는 금액이기 때문이다.

결국 나는 남편과의 긴 상의 끝에 남편이 처음 권했던 A산후조리원을 선택했다. 나중에 안 사실이지만 이곳은 김태희 씨가 첫째와 둘째 출산 이후 선택한 곳으로 유명한 프리미엄 산후조리원이었다. 내 기준에서는 굉장히 고가임에도 A산후조리원을 선택했던 이유는 여러 가지가 있었다. 일단 남편은 임신 기간 동안 최악의 입덧으로 고생한 나에게, 고마움과 위로의 의미로 A산후조리원을 보내주고 싶어 했다(나는 열 달 내내 입덧을 했고, 가장 심했을 때에는 키 160센티미터에 몸무게 39킬로그램을 찍었다). 게다가 결혼하고 가려고 계획했던 여행이 극한의 입덧으로 취소되면서, 모아둔 여행 자금을 산후조리원 비용으로 쓸 수 있기도 했다.

또한 무엇보다 우리가 산후조리원을 선택할 때 고려한 몇 가지 조건에 A산후조리원이 가장 부합했기도 했다. 첫 번째 조건은 간호사 한 명당 케어하는 신생아 비율이었다. 우리가 선택한 곳은 간호사 1명당 3명 이내의 아이들을 돌보는 곳으로, 우리 아이가 충분한 케어를 받기에 적당했다. 두 번째 조건은 소아과 의사의 주당 회진 횟수였다. 우리는 신생아 시기에 발생할 수 있는 혹시

모를 사고를 대비해 소아과 의사가 매일 회진하는 곳을 원했다. 초보 엄마로서 걱정이 많았던 나는 무엇보다 이 점이 매우 만족스러웠다. 마지막으로 룸 컨디션이었다. 우리가 선택한 곳은 이 근방에서 가격 대비 가장 넓은 방을 보유한 곳이었다. 꼬박 2주 동안 밖에 나가지도 못하고 조리원에만 있어야 하는데 답답한 곳은 싫었다.

돌이켜보면 2주에 650만 원의 가치는 충분했으나, 우리에게 650만 원이라는 돈은 결코 적은 돈이 아니었고, 그래서 선뜻 내리기 어려운 선택이었다. 그러나 나와 친해진 동네 엄마들과 이야기를 나누며, 650만 원이라는 돈이 누군가에게는 망설임 없이 쉽게 선택할 수 있는 정도의 금액이라는 것을 알게 되었다. 2주에 1,000만 원을 훌쩍 넘는 금액을 쓰고 나온 사람도 많았고, 심지어 지인 중에는 산후조리원의 비용이 결코 비싸다고 생각하지 않는다고 말하는 사람도 있었다. 이유인즉슨, 특급 호텔도 하루에 잠만 자는데 40~50만 원의 돈이 든다는 것이다. 그런데 산후조리원은 하루 종일 산모의 손과 발이 되어주는 데다가 신생아 케어까지 최고로 해주니, 2주에 1,000만 원도 결코 비싼 것은 아니라는 것이다(2주에 650만 원이면 하루에 46만 원 정도이다). 듣고 보니 맞는 말인 것도 같았다.

실제로 A산후조리원에서 내가 갔던 어떤 특급 호텔에서보다 최상의 서비스를 제공받은 것도 사실이었다. 출산 직후 호르몬의

노예가 되어 사소한 것 하나하나에도 예민했던 나조차, 크게 불편함이나 아쉬움을 느낀 부분이 없었다. 조리원의 직원들은 하나같이 산모에게 최대한 친절하게 행동했으며, 요구 사항에 즉각적으로 대응했다. 심지어는 조리원을 퇴소한 후에도 그러한 친절이 계속되어 개인적으로는 프리미엄 산후조리원 자체에 대한 긍정적인 인식이 확고해졌다.

그러나 이 동네에서 산후조리원이 중요한 이유는 단지 서비스의 질적 차이에만 있지는 않다. 왜냐하면 어떤 산후조리원을 선택하느냐가 곧 산후조리원 동기, 일명 '조동'을 결정하기 때문이다. '조동'은 보통 아이를 낳아서 들어오는 시기가 비슷하기 때문에, 아이들의 발달 시기와 속도가 비슷하다. 그래서 육아에 관한 정보를 공유하기도 하고, 비슷한 시기에 겪는 고충을 털어놓을 수 있는 좋은 육아 동지가 되기도 한다. 또한 아이들이 성장해서 외출이 가능해지게 되면, 조리원 동기 엄마와 아이가 모여 함께 육아하는 '공동육아'가 이루어지기도 한다. 다시 말해 조리원 동기는 내 아이들의 첫 친구를 결정해준다. 그래서 요즘은 산후조리원에서부터 내 아이의 '인맥'을 형성해준다고도 한다.

앞서 언급한 2주에 1,000만 원부터 시작한다는 이 일대 최고급 B산후조리원은 조리원 동기 문화가 잘 형성되어 있는 곳이다. 실제로 지인을 통해 들은 그곳의 조리원 동기들은 아이들의 100일, 크리스마스, 어린이날 같은 기념일에도 함께 하는데 그 규모가 남다르다. 회원권제 리조트나 최고급 호텔을 빌리고 파티 플래너를 고용한다. 또한 기념일은 물론 일상적으로 함께 쇼핑 및 여행을 다닌다. 전해 듣기로는 쇼핑은 최고급 명품 매장에서만 하고, 여행은 최고급 호텔에서만 묵는다고 한다. 어쩌면 2주에 1,000만 원이라는 금액을 감당할 수 있는 사람들이 모였으니 이후의 육아 행보가 비슷해지는 것은 당연할지도 모르겠다.

반면 내가 머물렀던 산후조리원의 동기들은 나와 경제적, 사회적으로 비슷한 처지의 사람들이 많았다. 다양한 조건과 금액대의 산후조리원 중 A산후조리원을 선택했다는 것이 비슷한 경제적, 사회적 수준을 증명하는 것 같았다. 그래서 우리는 다행히도 명품 쇼핑을 하지도, 최고급 호텔에서 묵어야 하는 여행을 가지도 않았다.

솔직히 고백하자면 고민 끝에 A산후조리원을 결정을 하고 나니, 조금 더 무리해서 B산후조리원을 선택할까 고민하기도 했었다. 인생의 처음이자 마지막일 수 있다는 생각에, 가장 좋은 곳에 가보고 싶은 마음이 들었던 것 같다. 다들 입을 모아 최고라 말하는 그곳, SNS에서도 극찬만 가득한 그곳에 가보고 싶지 않을 사람이 있을까? 분명 처음에는 A산후조리원도 부담스럽다고 생각했던 나였는데, 어느샌가 주변의 말과 시선에 흔들리고 있었다. 하지만 이내 마음을 다잡고 나의 상황에서 무리하지 않는 선에서 최선의 선택을 했다.

그리고 이것이 내가 압구정에서 육아를 하며, 나의 상황과 필요에 맞는 선택을 하는 것이 중요하다고 깨닫는 첫 순간이었다. 내가 혹여나 무리해서 2주에 1,000만 원씩 하는 산후조리원을 갔다 한들, 조리원을 나온 이후에는 그들과 함께 어울릴 수도 없었을 것이다. 나는 그들과 어울려 매번 명품 쇼핑을 할 수도, 최고급 호텔에서 머물며 파티를 할 수도 없기 때문이다. 그리고 그랬다면 힘들고 어려울 때 조언과 위로를 아끼지 않는 지금의 내 소중한 육아 동지들도 없었을 것이다. 내가 감당할 수 있는 만큼의 선택을 하는 것, 주변의 이야기에 흔들리지 않고 중심을 잡는 것, 압구정 육아의 시작이었다.

2021년 강남 프리미엄 산후조리원 가격표(2주 기준, 마사지 등 추가 비용 있음)

	일반룸	VIP룸
A산후조리원 (내가 선택한 곳)	675만 원	1,800만 원
B산후조리원 (시작가 최고가)	1,300만 원	2,300만 원
C산후조리원 (VIP룸 최고가)	800만 원	2,600만 원
서울 평균	314만 원	
전국 평균	234만 원	

프리미엄 산후조리원 내에도
꼬리칸은 존재한다

　최근 〈산후조리원〉이라는 드라마가 방영되었다. 출산하고 산후조리원에 들어간 적 있는 엄마라면 대부분 공감하며 볼 수 있는 내용이라 나도 재미있게 봤다. 그중에서도 기억에 남는 내용은 완모[1] 하는 엄마를 일등칸, 완분[2] 하는 엄마를 꼬리칸에 탑승했다고 표현하는 부분이었다. 실제로 산후조리원 내에서 모유 수유는 꽤 중요한 부분이다. 요즘 '초유'의 중요성이 워낙 부각되다 보니 산후조리원 내에서 만큼은 모유 수유는 필수적인 셈이다.

　그런데 사실 프리미엄 산후조리원에는 일등칸과 꼬리칸을 구분하는 더욱 명확한 기준이 존재한다. 바로 '산모가 어떤 층에 머무는지'인데, 층별로 룸 타입이 달라지기 때문이다. 일반적으로

1　완전 모유 수유의 줄임말로, 모유 외에는 아무것도 먹이지 않는 것을 의미한다.
2　완전 분유 수유의 줄임말로, 분유 외에는 아무것도 먹이지 않는 것을 의미한다.

산후조리원에는 기본 룸을 기준으로 약 3~4가지의 업그레이드 버전의 룸이 있는데, 층이 높아질수록 룸의 타입도 올라간다. 그리고 룸이 업그레이드 될수록 가격과 함께 방의 크기, 마사지 횟수가 올라간다. 또한 간호사 한 명당 케어하는 신생아의 수는 적어진다.

대략적인 가격을 살펴보면, 내가 머문 A산후조리원은 2주 기준 기본 룸은 650만 원이지만 가장 비싼 룸은 약 1,500만 원을 호가했다. 김태희가 출산 후 A산후조리원에 머물 당시, 가장 꼭대기 층에 있는 VIP룸 2개를 모두 예약한 것으로 소문이 자자했는데, 2주에 3,000만 원이 넘는 금액이었다. 2주에 약 1,300만 원부터 시작하는 B산후조리원의 경우 가장 비싼 룸은 2,000만 원이 넘기도 했다. 서울의 산후조리원 2주 평균 요금이 314만 원, 전국 평균이 234만 원인 것을 감안하면 어마어마한 금액이었다.

결국 기본 룸을 선택했던 나는 프리미엄 산후조리원에 있었지만, 가장 꼬리칸에 탑승해 있던 셈이었다. 그러나 스스로 꼬리칸이라 자각하지 못할 만큼 충분히 만족스러웠던 2주였다. 다만 가끔 엘리베이터를 같이 타는 산모가 높은 층을 누를 때면 그 사람을 다시 보게 되었다. 2주에 650만 원도 비싸다고 생각하며 들어온 산후조리원에서, 그 2배 이상을 쓰는 사람은 어떤 사람일까 하는 본능적인 호기심이었다. 그리고 간혹 산후조리원에서 3주 이상을 머무는 사람도 있었는데, 3주면 기본 룸도 900만 원이 넘는 금액이었다.

프리미엄 산후조리원의 서비스는
입소 전부터 시작된다

 조리원을 계약하고 나면 산전에 받을 수 있는 서비스를 알려준다. 산전마사지나 산전요가, 임산부 수영 등의 설명을 듣던 중, 유독 눈에 띄는 것이 있었다. 바로 '예비맘 교실'이었다. 이것은 신라호텔에서 진행되는 예비 엄마를 위한 강의로, 조리원을 계약한 산모들만을 대상으로 열린다고 했다. 최고급 호텔에서 식사까지 무료로 제공되니 가지 않을 이유가 없었다.
 호텔에 도착하니 강의가 열리는 큰 룸에는 백 명이 넘는 임산부들이 있었다. 그리고 큰 룸 앞에는 포토월도 있었는데, 조리원과 연계된 스튜디오에서 나와 임산부들의 기념사진을 촬영해주고 있었다. 강의는 유명한 육아 전문가와 산부인과 전문의가 나와 진행했는데, 내용은 꽤나 지루했던 것 같다. 하지만 강의가 끝나고 시작된 식사는 이곳에 참석한 산모들을 만족시키기 충분했다. 성악가의 노랫소리와 클래식 악기 연주에 맞춰 코스 요리가 나왔다.

마치 A조리원을 선택한 우리들이 특별한 사람들이라고 말해주는 것 같은 기분이 들었다.

식사를 하며 같은 테이블에 앉은 산모들과 이야기를 나누었다. 그리고 우리는 동질감과 유대감을 느꼈다. 아직 아이도 낳지 않았건만 이미 조리원 동기가 된 기분이었다. 그리고 동시에 자부심 비슷한 감정이 느껴졌다. 주변의 모든 것들이 내가 특별한 대우를 받고 있다는 생각이 들도록 만들고 있었다. 그러나 사실 이 모든 것들은 우리가 지불하는 조리원 비용에 포함된 것일 뿐이었다.

이 외에도 많은 서비스들이 친절과 배려를 가장한 '자부심'을 만들고 있었다. 대부분의 프리미엄 산후조리원에서는 산부인과를 퇴원해서 산후조리원에 가는 날 픽업 서비스를 제공한다. 나도 퇴원하는 날 1층 로비에 가보니, 이미 산후조리원에서 나온 전문 간호사가 나와 아이를 기다리고 있었다. 나는 또 한번 특별 대우를 받고 있다고 느꼈다. 심지어 또 다른 프리미엄 산후조리원은 정성 어린 손 편지와 벤츠 스프린터로 픽업 서비스를 제공한다고 했다.

바로 이러한 '특별한 대우'가 프리미엄 산후조리원이 선택받는 이유라는 생각이 들었다. 가성비로 논할 수 없는 특별함을 제공하여, 산모들 스스로 자부심을 느끼도록 하는 것 그것이 '프리미엄' 서비스의 시작인 것이다.

프리미엄 산후조리원의 서비스는
퇴소 후에도 계속된다

첫째와 조리원에서 퇴소한 후 얼마 지나지 않아 예방 접종을 하러 동네의 작은 소아과에 갔었다. 의사는 아이를 보더니 아무래도 황달이 있는 것 같다며, 큰 병원에 가서 황달 수치를 확인해보라고 권유했다. 당시는 환절기라 병원마다 감기 환자로 가득하던 때였다. 나는 고작 한 달이 된 나의 아이를 데리고 감기 바이러스로 가득한 병원에 가는 것이 겁이 났다. 감기 환자들과의 접촉을 최대한 피하고 싶은 마음에, 예방 접종도 예약을 하고 방문했던 나였다.

그래서 나는 잠시 고민하다 A산후조리원에 전화를 했다. 조리원에서 매일같이 황달 수치를 체크해주던 것이 생각났기 때문이다. 이미 퇴소한 지 2주가 넘었는데도 불구하고 조리원에서는 흔쾌히 방문을 허락했고, 조리원에 상주하는 전문가가 꼼꼼히 우리 아이의 상태를 확인해주었다. 다행히도 수치는 정상 범위여서 바로 집으로 돌아갈 수 있었다.

나는 이날의 기억이 오래도록 좋게 남아 있다. 조리원을 퇴소할 때 조리원 측에서는 내 손을 잡으며 언제든 도움이 필요하면 연락하라고 말했었다. 아마도 큰 의미를 두지 않고 습관처럼 하는 형식적인 말이었을 것이다. 또한 당시 나의 부탁을 거절했다하더라도, 크게 문제될 일은 없었을 것이다. 그러나 고객과의 약속을 잊지 않고 지키는 것, 귀찮을 수 있는 사소한 일까지도 책임을 다하는 것, 이것이 '프리미엄'이라는 타이틀을 내걸 수 있는 자격이라는 생각이 들었다. 그리고 나는 당연하게도 둘째를 출산하고도 같은 조리원을 선택했다.

산후조리원 선택 Tip

가장 먼저 산후조리원 예산이 결정되었다면, 그 예산 안에서 선택할 수 있는 산후조리원 리스트를 작성한다. 그리고 방문 상담을 한 후 아래와 같은 기준을 고려하여 선택하면 좋다.

· 병원과 가까운 곳을 선택한다.

아기를 낳은 직후에 산모는 산부인과 검진을 필수적으로 두세 번 받아야 한다. 또한 검진 이외에도 건강상의 다양한 변수가 있을 수 있다. 실제 나는 조리원에 있는 동안 변비에 걸리는 바람에 산부인과에 방문해서 약을 처방받아야 했다.

· 방의 크기와 시설 등을 확인한다.

2주 정도는 산후조리원 내에만 있어야 하기 때문에 방의 크기나 상태는 매우 중요하다. 너무 작거나 오래된 경우, 혹은 채광이 좋지 않거나 환기가 안 되는 경우는 피하는 것이 좋다.

· 소아과 회진이 가능한 곳을 선택한다.

태어난 지 얼마 안 된 아이는 다양한 위험 상황에 노출될 수 있다.

실제 조리원 동기 중에는 아이의 배꼽이 제대로 떨어지지 않은 것을 소아과 회진 당시 발견하여, 조리원 입소 중에 아이를 데리고 소아과를 다닌 경우도 있었다. 이처럼 다양한 질병이나 사고를 미연에 방지하고, 즉각적인 조치를 취하기 위해 소아과 회진이 있는 곳이 좋다. 따라서 회진의 유무와, 회진이 있다면 주당 몇 회인지를 확인한다.

· 간호사 1명당 케어하는 신생아 비율을 확인한다.

신생아를 돌보는 담당자 한 명당 케어하는 신생아의 수가 너무 많을 경우, 아이가 울거나 배고플 때 혹은 문제가 발생했을 때 즉각적인 대응이 어렵다. 따라서 비율은 낮을수록 좋지만, 경험상 1대 3에서 1대 5까지는 큰 문제가 없다고 생각한다.

· 가슴 마사지가 가능한 곳을 선택한다.

출산을 하고 나면 모유 수유 유무와 상관없이 많은 엄마들이 젖몸살에 시달린다. 어떤 사람은 젖몸살이 출산의 고통보다 더하다고 말하는 사람도 있다. 따라서 가슴 마사지를 해줄 수 있는 전문가가 상주하는지를 반드시 확인해야 한다.

· 모유 수유 교육이 가능한 곳을 선택한다.

엄마가 처음인 여자들에게 모유 수유는 생각보다 어려운 일이다.

따라서 모유 수유 계획이 있다면 모유 수유를 하는 자세나 방법을 알려주고 교정해줄 수 있는 전문가가 필요하다. 실제로 엄마가 모유 수유 자세를 제대로 몰라, 아이가 젖을 먹지 못하는 경우도 많다.

· 부가적인 서비스 유무를 확인한다.

산후조리원마다 제공하는 추가 서비스가 각기 다르다. 산전·산후마사지, 24시간 베이비캠, 남편 출퇴근 가능 및 식사 제공, 산전·산후요가, 만삭 사진 촬영 등의 유무를 확인한다.

제3장

압구정의
시터 문화

조리원이 천국이라는 말은 혹시
조리원 밖은 지옥이라는 말인가요?

아이가 태어났다. 조리원이 천국이라는 사실은 조리원을 퇴소해야만 알 수 있다는 선배 엄마들의 말은 사실이었다. 조리원에서는 그렇게 바쁘고 힘들게만 느껴졌던 날들이, 집에 돌아오니 천국이었다고 느낄 정도로 현실의 육아는 벅찼다. 아니, 벅차다는 말로는 부족할 만큼 힘들었다.

보통 산후조리원에서 나와 약 2~3주간 산후 도우미를 쓴다. 실제로 나도 산후 도우미를 2주간 고용했었다. 그러나 조리원에서 2주, 산후 도우미가 있는 2주를 합쳐도 아이는 고작 태어난 지 한 달이 된 핏덩이다. 이제부터 대부분의 엄마들은 혼자 이 갓난아이를 돌봐야 한다. 걱정과 두려움이 몰려왔다. 급기야 나는 산후 도우미분이 오시는 마지막 날 울고야 말았다. 아이를 예뻐해주셨던 분이 떠나간다는 섭섭함보다, 앞으로는 혼자서 아기를 책임져야 한다는 두려움으로 눈물이 났다. 마치 한 번도 간 적 없는 곳에,

나 홀로 떨어지는 기분이었다.

조리원에서 집으로 돌아온 날 밤부터 나는 2~3시간 간격으로 일어나는 아기 때문에 숙면을 취할 수 없었다. 아이가 통잠을 자지 못하고 2~3시간마다 일어나는 이유를 묻는다면 수만 가지는 될 것이다. 기본적으로는 6개월 이전의 아기들은 한 번에 많이 먹지 못하기 때문에, 밤에도 낮과 비슷하게 조금씩 자주 먹여야 한다. 뿐만 아니라 너무 더워서, 너무 추워서, 배가 아파서 등등 아이가 깨는 이유는 너무나 다양했다. 물론 그때마다 엄마는 아이와 함께 일어나야 한다. 돌이켜보면 인간에게 잠이 얼마나 중요한지를 깨닫는 시간이었다.

낮에는 어떨까? 일단 아기들은 언어로 의사 표현을 못 하므로 자주 운다. 우는 이유는 엄마가 스스로 찾아내야 한다. 그 울음소리를 하루 종일 듣고 있으면 멀쩡한 사람도 정신이 혼미해진다. 게다가 신생아들은 똥도 오줌도 자주 싸는데, 자주 싸는 만큼 자주 먹는다. 반면 엄마는 하루에 밥 한 끼도 챙겨 먹기가 힘들다. 그런데 살은 잘 안 빠진다. 머리카락만 빠질 뿐. 100일이 지나면서 머리카락이 너무 많이 빠져서 대머리가 될까 봐 걱정이 될 정도였다.

물론 힘든 순간만큼 행복한 순간도 많았다. 아이가 나를 보고 웃어줄 때면 세상을 다 가진 것 같았다. 하루 종일 울다가도 잠깐 웃어주는 그 찰나의 순간이 나를 버티게 했다. 아기는 점점 엄마를 알아보고, 눈을 맞추고, 옹알이를 했다. 이 조그만 생명체를 오롯이 내가 책임지고 성장시키고 있다는 뿌듯함과 즐거움도 점차 알게 됐다. 하지만 육아에서 얻는 행복과 육아로 인한 힘듦은 별개였다. 결코 육아로 얻는 행복이 힘듦을 상쇄시키지는 못했다.

특히나 극단적 외향형의 인간인 나는, 마치 세상에서 고립된 것 같은 느낌이 가장 힘들었다. 아이는 돌 전까지는 제대로 된 의사소통이 불가능했다. 그래서 꽤 많은 날을 저녁 7시, 남편이 퇴근을 하고 집에 돌아오고 나서야 나의 공식적인 첫 대화를 시작할 수 있었다(낮에는 보통 아이에게 일방적으로 혼자 떠든다). 그조차도 남편이 야근을 하거나 내가 극도로 피곤한 날이면 건너뛰게 되었다. 성인과의 소통이 절실해졌다.

물론 아이를 데리고 밖에 나가서 친구를 만날 수도 있었다. 그러나 갓 태어난 아기는 유해 환경에 쉽게 노출될 수 있다는 말에, 나는 아이가 6개월까지는 사람이 많은 곳에 데려가지 않으려 했었다. 그러니 나는 많은 시간을 집에 갇혀 혼자서 아이를 돌보아야 했다. 100일이 지나고 가까운 곳에는 겨우 나갈 수 있을 때가 되어도 사정은 크게 나아지지 않았다. 너무 더워서, 비가 와서, 감기가 걸려서 등등의 이유로 나는 나갈 수 없었다. 추운 겨울날, 아이가 감기에 걸린 적이 있었다. 아픈 아이를 돌보다가 문득 내가 5일 동안 집 밖으로 한 발짝도 못 나간 것을 깨달았다. 결혼 전 나는 단 하루도 집에 붙어 있던 적이 없는 사람이었는데 말이다. 왜 그토록 많은 사람들이 산후 우울증에 걸리는지 알 것 같은 날들이었다.

하지만 그랬던 나조차도 일반적인 기준에서 볼 때, 꽤 괜찮은 육아 생활을 하는 편이었다. 남편은 퇴근 후에는 언제나 적극적으로 육아에 참여했다. 퇴근을 하고 집에 돌아오면 거의 전담해서 아이를 돌봐주려 노력했다. 또한 시어머니와 친정 엄마가 일주일에 한 번 아이를 봐주러 오시는 날이면 자유롭게 외출도 가능했다. 그러나 한순간에 바뀌어버린 삶에 적응하기란 쉽지 않았다. 더불어 가끔씩 오는 나의 육아 지원군(시어머님, 친정 엄마)들은 이 동네 엄마들이 쓰는 시터에 비할 바는 아니었다.

산후조리원을 퇴소하고 나면, 태어난 지 한 달된 아이와, 부모가 된 지 한 달된 엄마는 그렇게 힘든 하루하루를 보내야 한다. 조리원을 퇴소한 지 얼마 안 되었을 때였다. 아이가 똥을 싸서 닦아주려 하는데, 나의 어색한 품이 불편했는지 아이는 씻기는 내내 찢어지게 울고 그런 아이를 보며 어쩔 줄 몰랐던 나도 같이 울었다. 물론 지금은 한 손으로도 거뜬하다. 하지만 이러한 처절한 일상이 모든 엄마들의 이야기는 아니었다. 사실 압구정에 사는 아이를 막 낳은 엄마들은 대부분 이런 일상을 보내지 않는다. 왜냐하면 그들에겐 '베이비시터'가 있기 때문이다. 물론 나는 시터를 고용할 만큼 경제적 여유가 없었기 때문에 예외였다.

베이비시터의 급여

베이비시터는 근무하는 형태에 따라 입주 시터와, 출퇴근 시터로 구분한다. 입주 시터는 근무하는 가정에서 먹고 자며 생활하는 형태로, 보통은 월요일부터 토요일까지 근무를 하고 일요일은 밖에 나가 개인 시간을 갖는다. 그리고 일요일 저녁 다시 근무하는 집으로 출근한다. 출퇴근 시터의 경우 매일 아침 9시 정도에 출근해서 저녁 6시 정도에 퇴근한다. 물론 시간이나 요일은 협의 하에 조정이 가능하다.

근무 요일이나 시간에 따라 상이하지만, 현재 2021년 기준 대략적인 시터의 급여는 출퇴근 한국인 시터는 월 210만 원 이상, 입주 한국인 시터는 320만 원 이상으로 생각하면 된다. 내가 교사라는 것을 감안했을 때, 나의 월급과 비슷한 수준의 금액이다. 일반 직장인들도 본인의 월급에서 시터 월급을 제하고 나면 크게 남는 것이 없다. 그러니 이 동네 엄마들처럼 정말 여유 있는 집이 아니라면, 시터에게 아이를 맡기고 일하던 엄마들이 결국에 일을 그만두는 경우가 많다.

압구정에서 시터 없는 엄마 찾기란
사막에서 바늘 찾기

압구정의 엄마들은 산후 도우미와의 계약 기간이 끝나면 바로 베이비시터를 고용한다. 그래서 보통 산전에 미리 시터를 고용하거나 늦어도 산후조리원에서 시터를 찾는다. 앞서 말했듯 신생아는 밤에도 누군가의 손길이 절실하기 때문에, 이 동네에서는 출퇴근 시터보다는 입주 시터를 고용하는 경우가 많다. 이 경우 대부분 시터가 아이를 데리고 잔다. 그러니 일단 엄마는 숙면을 보장받을 수 있다. 한밤중에 수유를 위해 일어날 필요도 없고, 아침 일찍 아이와 함께 기상할 필요도 없다.

물론 입주가 아닌 출퇴근 시터의 경우에도 장점은 충분하다. 엄마는 하루 종일 집에서 아이를 데리고 혼자 씨름할 필요가 없다. 일단 원할 때는 언제든 나갈 수 있다. 운동도 갈 수 있고, 친구도 만날 수 있다. 아이가 울 때면 시터와 돌아가며 볼 수도 있고, 졸리면 잠깐 잘 수도 있다. 배가 고프면 앉아서 편하게 밥을 먹을 수도 있고, 원하면 언제든 샤워도 할 수 있다. 내가 나열한 '시터가 있어 할 수 있는 모든 것'들은, 결국 시터가 없는 엄마들은 쉽게 할 수 없는 일들이라는 것을 의미한다. 물론 그렇다고 해서 압구정 엄마들은 힘들지 않다는 것은 아니다. 그러나 '훨씬' 덜 힘든 것은 명백한 사실이다.

이 동네에 베이비시터가 얼마나 많은지는 동네 놀이터에 나가 보면 알 수 있다. 사실 아이가 돌 이전에는 바깥 활동을 많이 하지 않아서, 얼마나 많은 사람들이 시터를 고용하는지 정확히 알 길이 없었다. 물론 주변 엄마들 대부분 시터가 있었기 때문에 어렴풋이 짐작하는 정도였다. 그런데 아이가 돌이 지나고 놀이터에 나가보니 이 동네의 현실을 더욱 실감하게 되었다.

하루는 아이와 함께 놀이터에 갔다. 꽤 많은 어린아이들이 나와 놀고 있었다. 내 아이와 비슷한 또래의 아이들이 많아 엄마들과 친해질 수 있으려나 생각하던 차였다. 주위를 둘러보니 이미 삼삼오오 모여서 이야기를 하고 있는데, 자세히 들어보니 모두가 시터 분들이었다. 엄마와 함께 놀이터에 나온 아이는 우리 아이가 유일했다.

순간 머리에 많은 생각들이 스쳐 지나갔다. 시터를 쓸 수 있는 이 아이들의 엄마가 부러웠다가, 수다에 빠져 아이에게는 무관심한 몇몇 시터에게 화가 났다가, 또 그러한 시터에게 맡겨진 아이들이 안쓰러웠다가, 이내 이곳에서 유일하게 엄마인 내가 안쓰럽기도 했다. 물론 이 동네가 아니라면 겪지 않을 감정들이었다. 그러나 잠깐의 부러움으로 시터를 고용하기에는 너무 큰돈이 드는 일이었다.

압구정에서는 시터가 없는 엄마를 찾는 것이 더 힘들다. 어디를 가나 시터는 내 주위에 항상 있다. 자주 가는 놀이터에도, 병원에도, 백화점에도, 음식점에도 있다. 첫째와 함께 다니는 문화 센터에서도 엄마는 나 혼자인 날들이 종종 생겼다. 아이와 엄마가 함께 오더라도, 시터를 대동해서 오는 경우가 많았다(돌 정도의 아이와 단둘이 외출하는 것은 생각보다 매우 힘든 일이라 더욱 부럽기도 했다). 아이가 좀 더 커서 어린이집을 다니게 되니, 등·하원을 시켜주며 만나는 사람도 시터분인 경우가 더 많았다.

시터분이 문화 센터에 아이를 데려오고, 어린이집 등·하원을 시켜준다고 해서, 아이들의 엄마가 워킹맘인 것은 아니었다. 실제로 이곳은 워킹맘보다 전업주부인 엄마가 훨씬 많은 곳이다. 그래서 부모가 맞벌이인지의 여부와 상관없이, 시터를 쓸 여유가 되는 대부분의 사람은 시터를 쓴다. 시간이 지나며 나는 더 이상 시터분들 무리 속의 내가 어색하지 않게 되었다. 아는 시터분들이 하나둘 생기고 인사를 나누고 이야기를 했다. 그렇게 나는 이곳에서 사막에서 찾은 바늘과도 같은 엄마가 되었다.

시터를 쓰는 것은 쉽지만,
시터를 잘 쓰는 것은 어렵다

그렇게 1년이 넘도록 홀로 이곳에서 아이를 길렀다. 그러다 불가피한 이유로 잠시지만 나도 시터를 쓰는 엄마들 대열에 합류하게 되었다. 내가 시터를 고용할 수밖에 없었던 불가피한 이유는, 계획하지 않았던 둘째의 임신 때문이었다. 사실 그 당시 나는 석사 졸업을 위해 논문을 쓰던 중이었다. 게다가 간절한 바람과는 달리, 첫째 때와 마찬가지로 심한 입덧을 겪었다. 입덧을 하면서 갓 돌이 지난 아이를 돌보고, 논문까지 쓰는 것은 현실적으로 불가능한 일이었다. 그래서 우리는 시터를 고용할 만큼 여유 있는 상황이 결코 아니었지만, 긴 상의 끝에 월 200만 원을 주고 약 1년 정도 시터를 고용하기로 했었다.

그토록 원하던 시터를 고용하게 되었지만, 그때의 나는 이미 시터가 있는 엄마들을 무작정 부러워하지 않게 되었던 즈음이었다. 나는 1년간 시터 손에 자라는 수많은 아이들을 옆에서 직접 보고 들었다. 좋은 시터를 만난 아이도 있었고, 나쁜 시터를 만난 아이도 있었다. 나쁜 시터를 만난 아이가 얼마나 불행해지는지는 누구나 예상 가능할 것이다. 하지만 좋은 시터를 만난 아이에게도 종종 문제는 생겼다. 이것은 시터가 얼마나 좋은 사람인가와는 별개의 문제였다. 이러한 문제는 부모가 시터를 어떠한 생각을 가지고 고용했는가에서 비롯됐다.

압구정의 많은 부모들은 시터가 부모의 역할을 대신할 수 있다고 생각한다. 일단 부모들은 큰 비용을 들여 시터를 고용하기 때문에, 어렵고 힘든 일은 마땅히 시터가 담당해야 한다고 생각한다. 또한 시터를 고용한 시간 동안은 부모의 책임에서 벗어날 수 있다고 생각하기도 한다. 그래서 누군가는 "돈을 들여 시터를 썼으면 그 시간은 나가서 놀아야 한다"라고 말하기도 했다.

그런데 사실 육아에서 어렵고 힘든 일은, 중요한 일인 경우가 많다. 그러다 보니 결과적으로는 육아에서 중요한 부분을 시터에게 전가하는 셈이 된다. 예를 들어 아이를 키우며 가장 힘든 일 중 하나는 아이를 재우는 일이다. 그러나 동시에 매우 중요한 일이기도 하다. 특히 갓 태어난 신생아는 모든 것이 불안하고 낯설다. 그래서 잠을 자면서도 내내 엄마의 냄새를 맡으며 안정감을 찾는다.

아이들이 좀 더 크면 잠들기 전 부모와 하루 동안 있었던 일을 이야기하기도 하고, 책을 읽기도 한다. 이러한 부모와 함께하는 잠자리 대화나 잠자리 독서 활동은 아이의 정서 발달에 반드시 필요하고 중요한 일이다.

그러나 시터가 있는 대부분의 집은 시터가 아이를 재우고 함께 잠을 잔다. 아무리 좋은 시터라 할지라도 부모만큼의 정서적 안정감을 줄 것이라 기대하기 힘들다. 한 엄마는 처음으로 아이와 여행을 갔는데, 아이가 밤 12시가 되어서야 잤다고 말했다. 늘 시터가 아이를 재워 어떻게 해야 아이가 잠드는지도 몰랐던 것이다(수면 교육을 하지 않은 어린아이라면, 대부분 저마다 잠에 드는 방법이 다르다. 업어야 자는 아이, 아기띠를 해야 자는 아이, 노래를 틀어줘야 자는 아이 등).

부모라면 알아야 하는 것들을 모르고, 부모라면 해야 할 것들을 하지 못한다. 아이가 부모에게 의지하지 못하고 안정적인 애착을 형성하지 못하는 것은 당연한 결과이다. 아이들은 점점 더 시터에게 의지하고 시터에게 부모의 역할을 바라게 된다. 하루는 주말에 가족들과 아파트 주변을 산책 하다가 한 아이가 울고 있는 것을 보았다. 주말이라 입주 시터분이 휴가를 나가려는데, 아이가 가지 말라며 대성통곡을 하는 상황이었다. 엄마는 멋쩍은 듯 아이를 말리고 있고 시터는 내일 아침 일찍 오겠다며 떠났다. 그 후로도 아이는 한동안 울음을 멈추지 못했다. 어째서 그 아이는 부모가 있는데도 불구하고 시터가 떠나는 상황이 그리도 슬펐을까? 그 아이에게 안정감과 편안함을 주는 존재는 부모였을까 시터였을까?

그런데 이렇게 부모의 역할을 시터가 대신하면서 생기는 문제는, 단지 아이에게만 생기지 않는다. 부모는 아이와 함께 성장할 수 있는 기회를 잃는 셈이다. 아이를 낳고 기르는 과정이 그 무엇보다 가치 있는 이유는, 그 과정에서 부모 또한 어른이 되기 때문이다. 흔히 사람들은 어른이 아이를 키운다고 생각하지만, 사실은 아이도 부모를 키운다. 아이가 부모를 진짜 어른이 되도록 해주는 것이다.

감사, 인내, 희생, 배려 같은 이런 거창한 단어들은 내가 아이를 낳고 기르면서야 비로소 진짜 의미를 알게 된 것들이었다. 나는 아이를 기르며 아이가 기고, 걷고, 뛰는 사소한 것들에서도 경이로움과 감사함을 느낄 수 있었다. 그렇게 조급하고 불같던 성격이었던 나지만, 꼬물거리는 아이의 작은 몸짓 앞에서는 기약 없는 기다림조차 지루하지 않게 되었다. 평생을 자기중심적으로 살아왔지만, 언제 어디서나 먼저인 절대적인 우선순위가 생겼고, 아이를 위해서라면 대가 없이도 기꺼이 희생하고 포기할 수 있게 되었다. 아이를 낳아서 직접 기르지 않는다면, 우리가 살면서 이런 깨달음을 언제 또 느낄 수 있을까?

동시에 시터가 부모의 역할을 대신하는 것은 부모이기에 가질 수 있는 특권을 잃는 것이기도 하다. 부모이기에 가질 수 있는 특권이란, 아이가 성장하는 찬란한 매순간들을 지켜볼 수 있는 것이다.

아이가 어릴수록 매일 매순간은 기적처럼 아름답고 사랑스럽다. 많은 엄마들이 그 힘든 세월을 겪고서도, 둘째를 갖는 이유이기도 하다. 그래서 누군가는 과거의 많은 아빠들이 아이들의 육아에 관심을 기울이지 않고 엄마의 영역으로만 치부한 것에 대해 이렇게 말했다. "아이의 어린 시절을 함께하지 못한 것으로 그 대가는 충분하다."

그러니 내가 더 이상 시터를 쓰는 엄마들을 마냥 부러워하지 않게 된 것은 당연한 일이었다. 돈만 있다면 시터를 고용하는 것은 쉬운 일이다. 하지만 부모의 역할을 다하면서 시터를 쓰는 것은 쉽지 않아 보였다.

시터를 잘 쓴다는 것

나는 시터를 고용하는 것 자체를 비판하는 것이 아니다. 오히려 경제적 여유가 있다면, 시터를 쓰는 것은 아이와 엄마 모두에게 긍정적인 영향을 미칠 수 있다고 생각한다. 단, 좋은 시터여야 하며, 시터를 고용하는 부모의 태도가 올바르게 정립되어 있어야만 한다.

그래서 나는 시터를 구하기 전에, 시터를 고용하는 나의 입장과 태도를 명확히 하기로 했다. 시터에 대한 나의 입장은, 시터란 '부모의 역할을 보조해주는 사람'이라는 것이었다. 다시 말해 시터는 결코 부모의 역할을 대체할 수 없다고 생각한다.

그러다 보니 시터를 고용한 이후에도, 시터가 있는 다른 엄마들처럼 마냥 편하게 지낼 수는 없었다. 나는 힘들고 불편하더라도, 그것이 중요한 일이라면 나와 남편이 하려고 노력했다. 반면 쉽고 편한 일이더라도, 그것이 중요한 일이 아니라면 시터분에게 맡겼다.

예를 들어 아이를 재우는 일 외에도 씻기는 일은 반드시 나와 남편이 했다. 나는 목욕은 부모와 눈을 맞추며 이야기를 하고 자연스럽게 스킨십을 할 수 있는, 유아기 정서 발달에 중요한 시간이라고 생각했기 때문이다. 그래서 보통은 시터분이 퇴근하기 전 아이를 씻기고 가지만, 그렇게 하지 않았다.

아이에게 중요한 일, 아이가 부모와 하고 싶어 하는 일은 물론 아이마다, 부모마다 다를 수 있다. 중요한 것은 그러한 일을 힘들고 어렵다는 이유로 시터에게 전가하지 않겠다는 태도이다. 이런 내 모습을 보며 누군가는 "그럴 거면 시터를 왜 쓰느냐?"고 반문하기도 했었다. 돈이 아깝다고 한 사람도 있었다. 일단 시터를 고용했으면 그 사람을 전적으로 믿어야 한다고 말하는 사람도 있었다. 그러나 나는 돈이 아깝지 않았다. 애초에 나의 모든 역할을 맡기기 위해 고용한 시터가 아니었다.

시터를 잘 쓰는 것은 어렵다. 쉽고 편한 길을 두고 어렵고 힘든 길을 택해야 하기 때문이다. 그럼에도 이 동네에도 간혹 그런 길을 걷는 엄마들이 보였다. 한 엄마를 알게 된 지 얼마 안 되었을 때였다. 한번은 식사 약속을 잡으려는데, 가능하다고 말하는 날이 일주일에 이틀뿐이었다. 그 엄마가 시터가 있는 것을 알고 있던 나는 의아해서 이유를 물었다. 그 엄마는 아이를 매일 시터에게 맡기고 나가는 것이 마음이 편치 않아, 그렇게 하기로 스스로와 약속했다고 말했다.

물론 맞벌이 등의 불가피한 이유로, 부모가 아이에게 중요한 모든 일들을 해내는 것이 힘든 경우도 분명 있다는 것을 안다. 그러나 나는 함께하는 시간이 사랑의 크기와 항상 일치하는 것은 아니라고 생각한다. 분명 누군가는 일을 하고 돌아와 힘들다는 이유로 아이에게 TV를 보여준다. 또 다른 누군가는 일을 하고 돌아온 저녁에도, 아이와 함께하지 못한 시간만큼 더 열심히 놀아주려 노력한다. 함께하는 시간은 분명 같지만 아이가 느끼는 사랑의 크기는 다를 것이다.

일을 하느라 아이가 온종일 시터와 함께 보냈다면, 적어도 퇴근 후에는 아이와 함께 시간을 보내려 노력해야 한다. 내일도 일해야 한다는 이유로, 일을 하느라 피곤하다는 이유로 아이에게 소홀히 해서는 안 된다. 친구를 만나거나 취미 활동을 하느라 아이와 함께하지 못한 날이라면, 다음 날은 아이와 시간을 함께 보내며 최선을 다해 사랑해주어야 한다. 나는 이 정도의 노력을 할 준비가 된 부모만이 시터를 쓸 자격이 있다고 생각한다.

둘째를 임신했던 그때를 돌아보면, 입덧을 하며 논문을 쓰느라 매일이 힘든 나날이었다. 그래도 아이와 하루에 꼭 한 번 산책을 갔다. 그 무렵 아이가 함께 산책하는 것을 참 좋아했기 때문이다. 나는 아이가 가장 좋아하는 일을 함께 하는 것이 좋았다. 아이와 함께 걷고 이야기하고 눈을 맞추는 그 시간들이 참으로 소중하고 귀했다. 막달이 되어서는, 혹시나 모를 사고에 대비해 시터분과 함께 산책을 나갔었다. 그러면 아이는 자기보다 느리게 걸어오는 나를 그렇게도 뒤를 돌아보며 가까이 올 때까지 기다렸다. 만삭이 다가올 즈음의 아이는 겨우 18개월이었는데 말이다. 나는 이런 순간들이 모여 지금의 나와 아이의 관계를 만들었다고 믿는다.

나는 시터가 있는 압구정의 엄마들이 육아를 편하게 하지만, 그것이 아이와 엄마 모두를 진정으로 행복하게 하는지는 모르겠다. 나는 시터 없이 아이를 키우며 시터가 있는 엄마들에 비해 분명 더 힘들게 지내고 있다. 그러나 누구보다 행복한 아이로 키웠고 나 또한 누구보다 행복하다고 자신한다(물론 여기서 전제 조건은 있다. 남편의 적극적인 육아 참여이다). 잠시나마 시터가 있을 때에도 마냥 편안한 육아를 할 수는 없었지만, 적어도 나와 아이는 충분히 행복했다고 생각한다. 그러니 시터가 없다고 속상할 일도, 시터가 있다고 마냥 편한 일도 아니었다. 가장 중요한 것은 나와 아이 모두가 행복한 하루를 보내고 있는가이다.

좋은 시터를 만나는 것은
삼대가 덕을 쌓아야 가능하다

엄마들 사이에서는 우스갯소리로 좋은 시터를 만나는 것은 삼대가 덕을 쌓아야 가능하다는 말이 있다. 그만큼 좋은 시터를 구하기란 하늘의 별 따기이다. 부모의 입장에서는 베이비시터가 돌봄에 대한 전문성을 가지고 부모만큼이나 아이를 내 가족처럼 사랑하고 돌봐주길 바라는 기대를 갖기 쉽다. 하지만 베이비시터에게 아이를 돌보는 일은 하나의 직업일 뿐이다. 시터가 내 아이를 가족처럼 생각하길 바라거나 진심 어린 사랑을 담아 키워주길 바라는 낭만적인 기대를 해서는 안 된다.

게다가 현실적으로 부모가 내 자식을 보는 것도 이렇게나 힘이 드는데, 남의 아이를 남의 집에서 하루 종일 돌봐야 한다고 생각해보라. 시터가 아이에게 항상 친절하고 상냥한 태도를 유지하는 것이 얼마나 힘들지 상상이 갈 것이다. 물론 간혹 아이를 정말 좋아해서 즐겁게 일하는 사람도 있다. 그러나 이는 아주 예외적인 경우이며, 시터들에게 아이를 돌보는 것은 돈을 버는 일 이상이기 힘들다.

  문제는 시터를 고용하는 과정에서부터 발생한다. 시터 일은 정확한 기준이 없기 때문에 사실상 개인 간의 합의에 의해 월급이나 시급이 결정된다. 그러다 보니 처음부터 터무니없는 금액을 요구하는 경우가 있다. 어디는 얼마를 준다던데 혹은 자기는 지금까지 얼마 이상을 받았다거나 등의 말을 흘린다. 시터 면접을 보면서 제일 많이 들었던 말이 "청담은 얼마 이상 준다"는 말이었다. 하지만 실제 청담에 사는 나의 여러 지인에 의해 압구정과 같은 급여 수준임을 알 수 있었다. 심지어는 가사 겸 베이비시터를 구인한다고 명시했음에도 불구하고, 청소는 못 하니 가사 도우미를 고용해 달라고 요구하는 경우도 있었다. 지인의 경우, 면접에 오자마자 본인은 가사는 못 하니 가사 도우미를 고용해야만 일을 할 수 있다는 말을 하기에 서둘러 면접을 끝냈다고 한다. 면접부터 보통 스트레스 받고 지치는 일이 아니다. 우여곡절 끝에 금액 합의를 보고 일을 시작해도 이제부터 시작일 뿐이다.

  시터를 고용하면 상상을 초월하는 일들이 많이 생긴다. 시터에게 신생아를 맡기고 직장을 다니던 지인이 일찍 퇴근을 한 날이었다. 집으로 걸어가는데 마주 보며 낯익은 얼굴이 걸어오고 있었다. 다름 아닌 아이의 시터였는데, 당연히 옆에 있어야 할 아이가 없었다. 어디를 가냐 물으니 한다는 말이, 아이가 자고 있어 빨리 교회를 다녀오려던 참이라고 말했다. 잠든 아이를 혼자 집에 두고 나오는 일은, 아동 학대와 마찬가지일 정도로 위험한 일이다. 아이에게 밥을 먹이다 갑자기 못 하겠다며 짐을 싸서 나가는 사람, 첫날부터 누워서 TV만 보며 어린아이에게 심부름을 시키는 사람, 주말에 나가서는 연락이 두절되는 사람⋯⋯ 나열하자면 끝이 없다.

하지만 무엇보다도 시터로 인해 발생하는 가장 큰 문제는 '학대'이다. 시터에 의한 학대는 뉴스에서나 볼 수 있는 일이 아니다. 실제로 내 주변에서는 시터에게 정서적, 신체적 학대를 당한 경우가 드물지 않았다. 학대는 부모가 집에 있어도, CCTV가 설치되어 있어도 발생했다. 내 지인의 경우 부모가 모두 집에 있는데 시터가 두 돌이 채 안 된 아이가 운다는 이유로 침대에 던졌다고 한다. CCTV로 현장을 확인한 부모는 시터를 바로 해고했으나 아이에게 가해진 상처는 지울 수 없는 일이었다. 더욱 심한 경우도 있었다. 신생아 시기부터 아이를 돌봐주던 시터는 알고 보니 수시로 아이의 얼굴을 때리고 있었다. 밥을 먹지 않거나 말을 듣지 않는다는 이유였다. 학대 사실을 두 돌이 다 되어서야 알았으니 얼마나 긴 시간을 아이가 두려움에 떨었을지는 아무도 모른다.

나는 아이들이 시터에게 학대당했다는 소식들을 심심치 않게 접하며, 결코 부모의 책임을 피할 수 없는 문제라는 생각이 들었다. 물론 아이를 학대한 시터에게 가장 큰 잘못이 있다는 것은 누구나 알고 있다. 그러나 아이를 어떠한 환경에서도 보호해야 할 의무는 부모에게 있다. 시터를 고용했다면, 부모는 학대가 생길 만한 가능성을 차단하기 위해 노력할 의무 또한 있다.

긴 세월을 겪은 사람도 가끔 내가 알던 사람이 아닐 때가 많다. 누군가에 대해 잘 안다고 자신하는 것은 매우 어려운 일이다. 그렇기 때문에 단 몇 개월을 함께한 시터의 성격이나 업무 능력 등에 대해 확신을 가지고 전적으로 아이를 맡긴다는 것은 위험한 일일 수 있다. 이것이 내가 시터를 전적으로 믿지 않았던 근본적인 이유였다. 그래서 나는 시터를 쓰는 동안 가능한 시터와 아이를 단둘이 두지 않으려 했었다. 약속은 대부분 아이의 낮잠 시간을 활용했다. 혹여나 시간이 길어질 것 같으면 반드시 시어머니나 친정 엄마에게 집으로 와줄 것을 부탁드렸다. 그것도 여의치 않으면 반드시 CCTV를 주기적으로 확인했다. 그리고 시터분에게 내가 CCTV를 매일 확인하고 있음을 인식시켰다. "이모님 제가 나가 있는 동안 CCTV를 봤는데 애기가 잘 놀고 있더라고요. 감사해요"등의 기분 좋은 말로.

만약 맞벌이라 부모가 집을 자주 비울 수밖에 없다면, CCTV를 자주 확인해야 한다. 물론 화장실을 제외한 모든 방에 CCTV를 설치하는 것은 기본이다. 요즘 합리적인 시터들은 오히려 CCTV 설치를 권장한다. 그래야 사고가 났을 때 소재를 명확히 할 수 있고 불필요한 의심을 안 받는다는 이유에서이다. 또한 아이의 상태를 매일같이 체크하고 아이의 변화에 대해 민감하게 반응해야 한다.

분명 아이들은 말을 못 하지만 표정과 몸짓으로 본인의 상태를 전달한다. 잘 지내던 아이가 어느 날 갑자기 시터를 극렬하게 거부한다든지, 엄마의 외출을 격하게 막는다면 한번쯤 학대를 의심해 볼 필요가 있다.

시터를 쓰며 굳이 이러한 노력을 하는 것은 어찌 보면 굉장히 불편하고 비효율적인 일일 수 있다. 그러나 나는 결코 시터를 썼던 당시 나의 행동에 후회하지 않는다. 또한 앞으로 혹여나 시터를 또 고용한다 해도 똑같이 행동할 것이다. 아이를 키우는 데에 있어서는 0.1퍼센트의 위험 확률도 용납할 수 없다는 것이 나의 지론이기 때문이다. 좋은 시터를 만나는 것은 너무나 힘든 일이다. 그러나 나쁜 시터를 거르는 것은 충분히 할 수 있는 일이다. 물론 부모의 관심과 노력이 절대적으로 필요하다.

거짓말쟁이 시터 일화

　정말 운이 좋게도 첫 번째 시터분은 너무나도 좋은 분이셨다. 지금도 그분을 떠올리면 감사한 마음이 들어 가끔 연락을 드린다. 하지만 1년이 되어갈 때 즈음 시터분의 사정으로 그만두시게 되면서, 새로운 시터를 고용해야 했다. 처음과 마찬가지로, 시터를 구인하는 사이트를 통해 약 10명이 넘는 사람과 일주일에 걸쳐 면접을 봤다. 그리고 고민 끝에 그중에서도 가장 적합하다고 생각한 한 사람을 최종적으로 선택했었다.

　나는 새로 고용된 시터분에게 첫 번째 시터분과 계약할 때도 그랬듯 전에 근무했던 곳의 연락처를 받았다. 시터를 고용하는 것은 개인 간의 계약이기 때문에 신원이 불확실한 문제점이 있고, 본인의 설명 말고는 그 사람의 근무 태도나 근무 방식을 명확히 확인하기 힘들기 때문이었다. 그래서 전에 근무하던 곳의 연락처를 줄 수 없다고 한 몇몇 분은 애초에 면접 대상에서 제외시켰다.

내가 최종적으로 선택한 시터분은 계약을 하며 사전에 합의한 대로, 흔쾌히 전에 근무했던 집의 연락처를 건네주었다. 나는 큰 의심 없이 그 전화번호를 눌러 상대방과 통화를 했고, 전 집 엄마는 이모님에 대한 칭찬을 늘어놓았다. 나는 기분 좋게 통화를 마쳤지만, 갑자기 그 번호를 저장하여 카카오톡 사진을 확인하고 싶다는 생각이 불현듯 들었다(당시에 왜 그런 생각이 들었는지는 여전히 의문이다. 엄마의 촉일까?). 그리고 잠시 뒤 나는 충격을 금하지 못했다. 전화번호 주인의 카카오톡 사진이 시터 이모님 카카오톡 사진에 있는 딸의 얼굴과 똑같았기 때문이다. 알고 보니 이모님은 나에게 예전에 일하던 집의 연락처가 아니라 자기 딸의 연락처를 준 것이었다. 그리고 그 딸은 천연덕스럽게 전에 일했던 곳 아이의 엄마인 척 연기를 했다.

나는 머리끝까지 화가 났다. 시터가 일했던 집에 연락을 해보는 것에 대한 의견은 개인마다 다를 것이라 생각한다. 동네 엄마들 중에서도 굳이 연락처를 받아 연락하는 것은 과하다고 생각하는 엄마가 있었다. 그러면 애초에 면접에 응하지 않았으면 그만이었다. <u>나는 하루 중 반나절 이상 본인의 아이를 봐준 사람을 위해서, 다음 근무할 곳의 엄마와 전화 한 통 정도는 충분히 할 수 있다고 생각한다</u>. 물론 큰 사건이나 사고가 없었다는 전제하에. 나는 그것을 확인하고 싶었던 것이다. 나 또한 첫 번째 시터분과 1년이 넘는 세월 동안 좋게만 지낸 것은 아니었지만, 이후에 다른 집으로 옮기실 때에 나의 연락처를 주어도 된다고 흔쾌히 말했었다. 그것이 나의 아이를 1년 동안 무탈하게 돌봐준 분에 대한 예의이자 의리라고 생각했다.

그러나 두 번째 시터분은 굳이 거짓말까지 하며 우리 가족을 속였고, 당연히 계약은 해지되었다. 예상대로 계약 해지를 말하자마자 나에게 전화를 하여 악담을 퍼부었고, 우리를 고소하겠다며 협박했다. 무슨 명목으로(?). 끝까지 사과나 잘못에 대한 인정도 없었다. 다만 지금까지 일한 것보다 더 많은 돈을 요구할 뿐이었다. 남편은 근무한 시간 이상의 돈을 줄 필요가 절대 없다고 했지만, 나는 우리 아이들의 얼굴과 나이, 그리고 우리 집까지 아는 상황에서 더 이상 큰 분란을 만들고 싶지 않았다. 아니 사실 두려웠다. 태연하게 거짓말을 한 사람이 그보다 더한 일은 못 할까 하는 생각이 들었다(아이가 있는 엄마는 항상 약자이다). 원하는 대로 돈을 더 입금해주었고 그 이후로 연락은 오지 않았다. 그리고 이 사건 이후로는 더 이상 시터를 고용하지 않았다. 좋은 시터를 구할 자신이 없었다.

베이비시터 면접 Tip

· 면접을 보기 전에 전화 통화를 한다.

　목소리나 말투, 대화 방식만으로도 대충 어떤 사람인지, 나와 성향이 맞는지를 파악할 수 있다.

· 면접 시간에 늦는 사람은 피한다.

　첫 면접부터 늦는 사람은 계약 이후에도 늦을 확률이 높은 사람이다. 면접 시간 30분 전에 미리 집 근처에 와 계신 분이 있어 긍정적인 인상을 받은 적이 있다.

· 직전에 근무한 곳에 대해 구체적으로 물어본다

　(근무 기간, 근무 환경, 그만둔 사유 등).

　이전 집에서 일한 기간이 너무 짧은 경우는 피하는 것이 좋다. 보통의 엄마들은 큰 문제가 생기지 않는다면 짧은 기간에 시터를 교체하지 않는다. 길게 일했다 할지라도 그만둔 사유를 확인하는 것이 좋다. 아이가 기관에 가게 되거나 거주지를 옮기는 등의 이유가 가장 무난한 사유이다. 더불어 근무했던 곳의 아이의 나이나 성별이 나의 아이와 비슷하면 시터분도 아이도 적응하기가 수월하다.

· 면접 시 옷차림과 화장 유무를 살펴본다.

아이를 돌보는 일이기 때문에 너무 진한 화장이나 과한 옷차림, 장신구를 착용한 분은 피하는 것이 좋다. 심지어는 향수를 뿌리는 분도 계신데, 모두 아이를 돌보기에 적합하지 않은 옷차림이다. 옷차림은 그 사람의 마음가짐을 나타낸다고 생각한다.

· 위생 관념을 확인한다.

특히나 어린아이일수록 감염에 취약하기 때문에 시터의 위생 관념이 중요하다. 집에서 면접을 본다면 들어오자마자 손을 씻는지를 반드시 확인해야 한다.

· 급여뿐 아니라 휴일이나 명절 보너스 등의 채용 조건을 명확히 한다.

휴일 출근 여부나 명절 보너스와 같은 돈과 관련된 것을 계약서에 명시해야 나중에 분란이 없다.

· 업무 범위를 명확히 한다.

시터분들 중에는 간혹 가사 겸 베이비시터를 구한다고 명시했음에도 가사에는 관여하지 않으려 하는 분도 있다. 따라서 처음부터 범위를 명확히 해야 나중에 오해의 소지가 없다.

· 급여는 동네 평균에 맞춘다.

너무 적거나 너무 많은 것 모두 좋지 않다. 각 지역마다 시세가 있다. 그 시세에서 크게 벗어나지 않는 것이 좋다. 급여가 너무 적으면 시터의 근로 의욕이 줄어들고, 너무 많으면 부모의 기대가 커진다.

· 면접 시 아이를 어떻게 대하는지 확인한다.

잠깐이지만 면접하러 온 순간에도 아이를 좋아하는 사람이라면 아이에게 인사를 하거나 말을 건다. 하지만 생각보다 근처에 아이가 있어도 눈길 한번 안 주는 경우도 많다.

제4장

압구정 영유아
사교육의 세계

압구정의 사교육은
돌 전에 시작된다

나는 첫째가 6개월이 될 무렵부터 아이와 함께 문센[3]에 다녔다. 우리 첫째는 문화 센터를 꽤 일찍 다닌 편이었다. 아이와 내가 문화 센터를 다니기 시작한 이유는 단순했다. 내가 너무도 밖에 나가고 싶었기 때문이다. 나는 하루 종일 집에만 있는 것이 너무 답답했다. 육아를 하며 가장 힘든 점을 물으면, 나의 대답은 언제나 밖에 자유롭게 나가지 못하는 것이라고 말할 정도였다. 나는 그만큼 외향적인 사람이었다. 하지만 아이를 나 혼자 보는 상황이었기 때문에, 결국 내가 외출할 수 있는 방법은 아이와 함께 나가는 것뿐이었고, 그래서 선택한 것이 문화 센터였다. 이렇게 꽤나 소소한 우리 아이의 첫 번째 사교육이 시작되었다.

사실 백화점 문센 수업의 경우 사교육이라고 부르기도 민망할

---

3 '문센'이란 백화점 문화 센터의 줄임말로, 아기와 엄마가 함께 할 수 있는 다양한 강좌가 열린다.

정도로 비용은 저렴했다(1회 수업 비용이 적게는 5,000원에서 많아야 1만 원 선이라 부담이 없는 편이다). 처음에는 어디든 나가야겠다는 마음에서 시작했는데, 막상 수업에 가보니 꽤 재미있었다. 아이도 하루 종일 집에만 있다가 새로운 환경을 접하니 신기해하고 즐거워했다. 무엇보다 내 아이와 비슷한 또래의 다른 아기를 만나고, 또 그 아기를 키우는 나 같은 엄마들을 만나는 것이 좋았다. 당시에는 동네 친구도 많지 않고 첫째의 조리원 동기도 없는 상황이라, 비슷한 연령대의 다른 아이들이나 엄마들을 만날 기회가 없었기 때문이다. 그리고 여기서 만난 엄마들은 나에게 무궁무진한 사교육의 세계를 알려주었다.

나는 문센에서 동네 엄마들을 만나기 전까지는, 돌 전에 할 수 있는 사교육이라고 해봐야 문화 센터에 가거나 영유아 전집을 사주는 정도라고 생각했다. 말은커녕 제대로 앉지도 못하는 아기들에게 무엇을 얼마나 해줄 수 있을지 상상이 가지 않았기 때문이다. 그러나 그것은 나의 섣부른 판단이었다. 나는 돌 전 아이들이 할 수 있는 사교육이 엄청나게 다양하다는 사실에 한 번, 그 가격에 두 번, 그렇게 높은 가격에도 불구하고 대기를 해야 들을 수 있다는 사실에 세 번 놀랐다.

우선 이 동네에서 가장 흔하게 접할 수 있는 것은, 문화 센터와 유사한 '소규모 센터 수업'이다. 보통 음악, 체육, 미술 등 한 분야에 중점을 두고 수업을 진행하는데, 문화 센터 수업과의 차별점은 소규모로 진행이 된다는 것이다. 예를 들어 음악에 중점을 둔 A센터에서는 선생님 2명에 최대 7명의 아이들이 함께 수업을 한다. 인원을 모은다면 지인들과 팀을 꾸려 반을 개설할 수도 있다. 반면 문화 센터에서는 선생님 1명에 약 15명의 아기들이 함께 수업을 한다. 이런 소규모 수업의 경우 주 1회 30분 수업에 한 달 16만 원으로, 1회에 약 4만 원인 셈이다. 문화 센터가 1회에 약 5,000원에서 1만 원의 비용이 드는 점을 고려하면 비용의 차이가 꽤 난다. 다른 주제의 센터도 비슷한 가격대이며, 수업도 비슷한 형식으로 진행된다.

 아이들이 돌이 될 무렵부터 문화 센터에 나오는 아이들이 점차 줄었다. 알고 보니 다들 소규모 센터 수업으로 옮겨가고 있었다. 돌 이후가 되면 다들 문화 센터 수업보다는 소규모 센터 수업을 선호하는 것 같았다. 무엇이 그리도 다르기에 4배 이상의 돈을 주고도 옮겨가는지 궁금해진 나는 A센터에서 1회성 체험 수업을 들었다. 수업을 직접 들어보니, 수업의 형식이나 내용은 백화점 문센 수업과 크게 다르지 않았다. 다만 소규모 수업이라는 점과, 지인들로만 구성된 수업을 개설할 수 있다는 장점이 있을 뿐이었다. 하지만 이 장점이 이 동네에서는 꽤나 크게 작용하는 듯했다. 그리고 이러한 수업을 일주일에 2~3개씩 듣는 엄마들을 쉽게 찾을 수 있었다. 벌써 센터 수업에만 한 달에 30~45만 원이 지출되는 것이다(아이들이 아직 돌 전이라는 것을 잊어서는 안 된다).

돌 이전에 할 수 있는 사교육 두 번째는, 선생님이 아기의 집을 직접 방문해서 수업을 진행하는 '방문 수업'이다. 이 또한 미술, 음악, 체육 등으로 주제가 다양하다. 비용은 주 1회 30분 수업으로 한 달에 약 12만 원이다. 나는 첫째 아이가 28개월이 되어서야 방문 수업을 경험했었다. 코로나로 인해 어린이집도 못 가고 외출도 힘든 아이를 위해서였다. 그리고 나는 역시나 큰 기대를 하지 않았음에도 굉장히 실망했다. 물론 내가 교사라는 위치에 있기 때문에 더욱 냉정하고 비판적인 평가가 이루어졌을 수 있지만, 30분에 3만 원의 가치가 있는 수업이라고 느끼기는 힘들었다.

일단 영유아에 대한 기본적인 이해조차 되어 있지 않은 경우가 많았다. 세 돌도 안 된 아이에게 돌아다니지 말고 앉으라고 혼을 내거나, 아이의 흥미를 유발하기는커녕 들리지도 않는 목소리로 수업을 진행하는 것을 내 눈으로 보았다. 심지어는 수업 준비마저 제대로 해오지 않아, 30분 내내 우왕좌왕하기도 했다. 그래서 나는 3개월 만에 방문 수업을 그만두고 말았다. 물론 이것은 개인적인 경험에 근거한 평가이지만, 주변의 엄마들에게 물어도 대부분 방문 교사를 2~3번은 교체해야 그나마 평범한 수준의 방문 수업을 받을 수 있다고 입을 모아 말했다.

마지막으로 영유아 전집이 있다. 전집의 경우 앞선 두 가지 사교육과 다르게 나도 적극적으로 알아보았고 누구보다 일찍 시작한 분야였다. 나는 책은 가장 좋은 교육 수단 중 하나라고 생각하기 때문이다. 또한 나는 '책은 최대한 일찍 사서 오래 보자'는 주의로, 항상 모든 책을 적정 시기보다 6개월에서 1년 정도 일찍 들이는 편이다. 그래서 첫 영유아 전집 또한 꽤 빨리 들인 편이었다. 아이가 6개월이 될 무렵이었는데, 꽤 큰 금액에 고심 끝에 들였던 기억이 난다. 책에 대한 투자는 아끼지 않는 편인데도 불구하고 고민을 했던 이유는 전집의 금액이 약 80만 원이었기 때문이다. 겨우 20권의 책과 10개 정도의 교구로 구성된 전집이었다.

분명 영아를 위한 전집이라기에는 비싼 금액이었지만, 아이가 40개월이 다 되어가는 지금까지도 읽을 정도로 만족하는 책이었다(참고로 나는 책을 버리지 않는 편이다. 아무리 쉬운 책도 아이가 성장하면서 받아들이는 깊이가 달라진다고 생각하기 때문이다). 그리고 무엇보다 책이란 활용하는 사람에 따라 그 가치가 달라질 수 있다고 생각하는데, 나와 남편은 이 전집을 80만 원 이상의 가치로 활용했다고 자부한다. 아이에게 틈나는 대로 책을 읽어주었고 관련된 교구도 제시된 활용법 이상으로 확장시켜 놀아주었다. 그리고 그렇게 6개월 즈음부터 틈나는 대로 책을 읽어주다 보니 아이는 자연히 책을 좋아하게 되었다.

내가 첫 전집을 구매하자, 주변의 엄마들은 따라 사기 시작했다. 심지어 엄마들은 그 책이 좋다는 소문을 듣자, 그 출판사에서 300만 원대의 전집 풀세트를 구매하기도 했다. 나와는 달리 다른 책들과 비교하거나 가격을 고민할 필요는 없어보였다. 엄마들에게 소개해준 영사(도서 영업 사원)가 나에게 고맙다는 말을 몇 번이나 했는지 모른다. 나의 아이에게 좋다면 그것이 얼마이든 큰 망설임 없이 구매할 수 있는 압구정의 엄마들이었다.

책은 구매를 한 이후가 더 중요한 사교육이다. 그러나 대부분의 엄마들은 고가의 책을 들여놓고는 이후에 제대로 활용하지는 않는다. 그래서 이 동네의 맘 카페나 당근마켓에 가면, 그렇게 새 책 같은 중고 책이 많이 나와 있다. 새 책 같은 이유는 하나같이 '아이가 좋아하지 않아서'이지만, 사실 정확한 이유는 '아이가 좋아하게 만들지 못해서'일 것이다. 영유아기의 아이들이 책을 좋아하게 만드는 것은 거의 부모의 몫이기 때문이다.

아이들은 비싼 책을 사서 꽂아만 놓는다고 좋아하지 않는다. 아이들이 책을 스스로 읽을 수 있게 되기 전까지는, 부모가 책을 자주 읽어주어야 한다. 물론 그냥 읽어주어서는 안 된다. 재미있고, 실감나게 읽어야 한다. 또한 단순히 책의 내용을 읽어주는 것에서 끝나지 않고, 책과 관련된 대화를 나누어야 한다. 아이가 말을 못해도 상관없다. 예를 들어 색과 관련된 책을 읽었다면 주변에서 색을 찾아보고 책에 나온 내용과 연결시켜 주어야 한다. 너는 어떤 색을 좋아하는지, 엄마는 어떤 색을 좋아하는지 계속해서 질문하고 대답하며 내용을 확장시켜야 한다.

아이가 갓 태어나면 부모들은 아이에게 좋은 것이라면 무엇이든 해주고 싶다. 거기다 돈까지 많다면 해줄 수 있는 것은 더욱 많아진다. 이것이 이 동네의 영아 관련 사교육이 그렇게도 성행하는 이유이다. 부모들의 수요에 부응하여 곳곳에서 최고급을 내세우며 최고가를 당당히 부른다. 그러나 실제 내가 체험한 영아 관련 사교육은 대부분이 문화 센터의 수준 그 이상도, 이하도 아니었다. 그리고 사실 1~2살의 아이들에게 문화 센터 이상의 높은 수준의 사교육이 가능한지도 의문이다. 교육의 질을 고려했을 때 분명 터무니없이 고가이지만 그것마저도 돈이 많은 사람들에게는 크게 상관이 없어 보인다.

사실 돈 있는 사람들이 가성비를 따지지 않고 사교육을 시키는 자체가 문제 삼을 일은 아니다. 다만 고가의 영아기 사교육이 가져오는 근본적인 문제는, 아이에게 최고급 사교육을 제공했다는 명목하에 정작 중요한 것을 소홀히 하기 쉽다는 것이다. 사실 이 시기에 아이에게 가장 좋은 교육이란 '엄마와의 편안하고 친밀한 상호 작용'이라는 것을 교육학을 공부한 사람이라면 누구나 알 것이다. 그즈음의 아기에게 최고의 교육자는 엄마이고, 최고의 교육은 '엄마의 사랑'에서 비롯된다. 그러니 혹여 내 아이에게 돌 전에 최고급의 사교육을 시켜주지 못했다고 속상해할 필요는 없다. 그 시기의 아이에게 엄마와의 눈맞춤과 사랑이 담긴 대화보다 좋은 교육은 없다.

다만 나는 좋은 책은 빨리 들여 오래 보여주기를 권한다. 물론 부모의 목소리로, 아이의 눈을 맞추며 읽어주어야 한다. 그러니 혹여나 사고자 하는 좋은 책이 비싼 책이라면, 중고를 이용하기를 권한다. 특히 이 동네의 당근마켓에는 새 책 같은 다양한 고가의 전집이 반값도 안 되는 가격에 나와 있으니 참고하길.

실제로 네 돌이 다 되어가는 우리 첫째는 세 돌이 되기 전까지 제대로 된 사교육 한번 받지 않았지만, 비슷한 또래의 아이들에 비해 다방면에서 발달이 빠른 편이다. 좋은 책을 심혈을 기울여 고르고, 흥미를 유발하여 재미있게 읽어주고, 가족과 대화하는 시간을 많이 갖는 것 이외의 교육을 따로 한 것은 없었다. 혹여나 이를 내가 교육자인 덕으로 생각한다면 억울하다. 이 동네에는 나보다 똑똑한 교수 엄마, 의사 아빠가 널렸다.

압구정의 아기들은
어린이집을 안 가고 어디를 갈까?

돌 전부터 이미 사교육을 시작한 압구정의 아기들은 두 돌이 될 무렵 기관 생활을 시작한다. 물론 압구정의 아이들이 대부분 다니는 기관은 우리가 소위 아는 일반적인 '어린이집'은 아니다. 실제로 지금도 아는 엄마들 중에 아이를 '어린이집'에 보낸 사람은 나뿐이다. 그러면 이 동네 아기들은 어디를 다니는 걸까? 바로 '놀이학교'이다.

많지는 않지만 이 동네에도 어린이집을 다니는 아이들이 있는데, 보통은 엄마 아빠가 맞벌이인 경우가 많다. 놀이학교는 아이들이 2~3시면 하원하기 때문에 직장을 다니는 부모가 보내기는 쉽지 않다. 만약 보낸다면 하원 후에 시터를 따로 고용해야 하니 돈이 이중으로 들기도 한다. 반면 어린이집은 일단 4시쯤 정규 시간이 끝나고, 원한다면 야간까지 연장이 가능하기 때문에 맞벌이 부부가 보내기 편리하다.

또한 맞벌이가 아니더라도, 놀이학교의 비용이 부담스럽거나 불필요한 지출이라고 생각하는 부모들은 아이를 어린이집에 보내기도 한다. 놀이학교는 어린이집과 달리 정부의 지원을 받을 수 없기 때문에 굉장히 비싼데, 근방의 놀이학교 원비를 보면 한 달에 적게는 130만 원부터 많게는 200만 원이 든다. 게다가 셔틀비나 행사비 같은 추가 비용이 늘 있기 때문에 실제로는 정해진 원비 이상을 지출하게 된다. 반면 어린이집은 정부 지원을 받기 때문에 거의 무료이다. 이렇게 큰 금액 차이에도 불구하고 무엇이, 얼마나 달라서 이 근방의 엄마들은 '놀이학교'를 보내는 것일까?

크게 두 가지의 이유가 있다고 생각한다. 첫째는 시설 및 케어의 차이, 둘째는 커리큘럼의 차이이다. 일단 놀이학교의 경우 일반 어린이집에 비해서 시설이 좋은 편이다. 또한 교사 한 명당 학생의 수가 적기 때문에 좀 더 세심한 케어를 받을 수 있다고 알려져 있다(그러나 몇몇 영어 중심의 놀이학교의 경우는 오히려 교사 한 명당 학생 수가 어린이집과 비슷하거나 많기도 하다). 두 번째 이유인 커리큘럼의 경우, 어린이집은 보육 위주의 기관으로서, 자유 놀이가 많은 비중을 차지한다. 반면 놀이학교는 예체능을 비롯한 다양한 수업으로 구성된다. 물론 대부분 '영어' 수업도 포함되어 있다.

나열된 차이점만을 보면 돈 있는 부모들이 어린이집 아닌 놀이학교를 선택하는 것이 당연해 보인다. 영어가 포함된 다양한 수업과 좋은 시설, 세심한 케어까지 보장된다니 보내지 않을 이유가 없어 보인다. 그래서 나도 첫째를 26개월 무렵부터 근방의 유명한 '놀이학교'에 보내기 시작했다. 26개월까지 주변의 휘몰아치는 고가의 사교육 바람에 흔들리지 않던 나도, 아이의 첫 기관 선택에서는 속절없이 무너지고 말았다. 되돌아보면 교육 전문가라 자부했던 나조차도 '놀이학교'의 장점에만 매몰되어 단점을 살펴볼 여력이(?) 없었다.

물론 나는 주변의 엄마들처럼 소위 돈이 많은 부모여서 놀이학교를 망설임 없이 택했던 것은 아니었다. 그즈음 우리는 시터를 더 이상 쓰지 않기로 결정했다. 시간이 지날수록 남편의 외벌이로는 매달 200만 원을 시터 고용비로 지출하는 것이 부담스러웠고, 마침 새로 구한 시터도 문제가 생겨 그만두게 되었다. 그러나 이제 6개월이 된 둘째와 그래 봤자 아직 아기인 26개월의 첫째를 혼자 돌보는 것은 너무 힘든 일이었다. 그래서 우리는 차선책으로 두 돌이 지난 첫째를 기관에 보내기로 결정했고, 감사하게도 시댁에서 첫째의 놀이학교 원비를 부담해주시기로 했다.

그즈음 마침 대기를 걸어두었던 국공립 어린이집에서도 연락이 왔다. 그래서 남편과 나는 국공립 어린이집과 놀이학교를 모두 방문해서 상담을 했다. 우리는 망설임 없이 놀이학교를 선택했고, 그 선택은 지금껏 내가 아이를 키우며 한 가장 어리석은 선택으로 기억된다. 또한 놀이학교를 다닌 3주는 내가 기억하는 육아를 하며 겪은 가장 슬픈 3주였으며, 지금껏 아이를 키우며 가장 미안했던 시간이기도 하다. 아이는 하루도 울지 않고 등원한 날이 없었다. 아침이면 울며불며 안 가면 안 되냐고 물었고, 하원을 할 때는 눈이 퉁퉁 부은 채 왔다. 결국 3주 뒤 우리 아이는 인생의 첫 쓴 경험을 맞본 채, 놀이학교를 퇴소했다. 그리고 약 두 달 뒤에 또 다른 국공립 어린이집으로 등원했는데, 약 1년이 지난 지금까지 단 한 번도 울며 등원한 적이 없다.

당시 나의 선택을 여전히 너무나도 후회하지만 결코 대충한 선택은 아니었다. 나와 남편은 아이를 기관에 보내기로 결정하고는, 주변의 조언과 인터넷 검색 등을 통해 방문 상담할 곳을 3군데로 추렸다. 우리는 떨리는 마음으로 질문 리스트까지 작성해서 갔을 정도로 열심이었다. 객관적이고 정확한 비교를 위해 국공립 어린이집 한 곳을 포함한 총 네 곳의 기관에서 같은 날 상담을 받았다. 그리고 남편과 내가 함께 내린 결론은, 일반 어린이집을 보내기 싫다는 것이었다. 우리가 갔던 국공립 어린이집은 너무 좁고 낡아 보였다(물론 요즘은 넓고 깨끗한 어린이집도 많다). 커리큘럼도 너무 평범했고 단조로워 보였다. 자유 놀이가 대부분이었고 특색 있는 활동이 거의 없었다. 반면에 놀이학교는 넓고 쾌적했으며 다채롭고 흥미로운 커리큘럼이 가득했다. 학부모의 마음을 흔들기에 충분해 보였다. 왜 이 동네의 아이들이 대부분 어린이집이 아닌 놀이학교를 다니는지 알 것만 같았다.

그러나 문제는 여기부터 시작됐던 것 같다. 이 모든 것은 우리

'어른'의 관점에서 판단한 것이었다. 사실 이 연령대의 아이들은 본인이 다니는 시설이 얼마나 넓고 쾌적한지가 그렇게 중요하지는 않다. 누구도 아이들이 다니는 기관이 너무 낡아서 혹은 너무 좁아서 다니기 싫다고 불평하는 것을 들어본 적은 없을 것이다. 또한 어른이 보기엔 조금 좁고 낡더라도, 오히려 아이가 놀기엔 편안하고 재미있는 환경일 수 있다. 하지만 당시에는 이렇게 깨끗하고 넓은 곳을 두고, 오래되고 좁은 곳에 보낼 생각을 하니 조금은 슬프기까지 했었다.

지금 와서 생각해보면, 기관에 다니는 당사자는 아이이므로 아이의 시선에서 판단했어야 했다.

어린이집에는 있지만 놀이학교에는 없는 것들, 그리고 그로 인해 생긴 일들

놀이학교의 문제점들은 정식 교육 기관이 아니라는 점에서 기인한다. 놀이학교는 '학원'으로 등록이 되어 있기 때문에 반드시 '유아 교육 전공자'를 교사로 채용할 필요가 없다(이후에 언급할 영어 유치원도 마찬가지이다). 반면 어린이집은 보육 교사 자격증이 필수적이다. 물론 자격증의 소지 유무가 교육자의 자질을 전적으로 판가름할 수 없다는 것을 알고 있다. 그러나 어린이집이 정식 교육 기관이며, 유아 교육을 전공한 보육 교사를 채용한다는 점은 생각보다 큰 의의를 갖는다고 생각한다. 기본적으로 영유아 발달에 대한 이해를 바탕으로 기관을 운영하려고 한다는 의미이기 때문이다.

일례로 놀이학교에는 유아기에 반드시 필요한 '자유 놀이(자유 선택 활동)' 시간이 거의 없다. 자유 놀이란 '유아가 자신의 개별적인 흥미, 욕구, 발달에 따라 스스로 놀이를 선택하고 자유롭게 참여하는 시간'이다. 아이들은 스스로 놀이를 선택하며 자율성이 생기고, 어떻게 놀 것인지 생각하며 계획성도 생긴다. 스스로 선택한 놀이를 하며 몰입하는 법을 배우고, 친구나 선생님과 상호작용하는 법도 배운다. 이외에도 만족감, 성취감, 창의력 등이 자유 놀이를 하며 발달된다.

이러한 자유 놀이 시간이 놀이학교에는 거의 없는 이유는 단 하나, 원비가 비싸기 때문이다. 학부모들의 입장에서는 월 150만 원이 넘는 금액을 내는데, 하루에 한 시간씩 아이들 스스로 놀다온다고 생각하면 억울할 수 있다. 마찬가지의 이유로 대부분의 놀이학교에는 한창 낮잠이 필요한 3살 아이들조차 낮잠 시간이 없다(종종 수업 중에 잠이 드는 아이들은, 원장실 옆에 마련된 침대에서 잔다). 결국 대부분의 놀이학교는 누가 봐도 화려한, 빈틈없이 빽빽한 시간표를 갖추어야만 한다.

하지만 매시간 다양한 활동으로 채워진 커리큘럼은 오히려 영유아에게 부정적인 영향을 미칠 수 있다. 실제로 우리 아이가 그랬다. 그때나 지금이나 아이는 스스로 원하는 활동을 긴 호흡으로 하는 것을 좋아한다. 집에서도 본인이 좋아하는 것을 가지고 2시간이고 3시간이고 놀던 아이이다. 그런데 놀이학교에서는 하고 싶은 것을 할 수 없었고, 정해진 시간표대로 움직여야만 했다. 심지어 아이는 30분 단위로 계속해서 바뀌는 수업 때문에, 시작한 활동을 원하는 시간만큼 충분히 체험할 수도 없었다. 그러니 아이에게 놀이학교의 다채로운 수업은, 즐거움이 아니라 스트레스로 다가왔다.

또한 놀이학교에는 '적응 기간'도 없다. '적응 기간'이란 아이가 엄마와 떨어져 기관 생활을 하기 전에, 익숙해지는 기간을 갖는 것을 말한다. 영유아의 발달 특성상 적응 기간은 반드시 필요하다는 것이 일반적인 유아 교육학계의 상식이다. 그래서 모든 어린이집에서는 2주에서 4주까지의 적응 기간을 둔다. 그런데 내가 들은 바 어느 놀이학교에도 적응 기간은 없었다. 내가 각 기관들에 적응 기간이 없는 이유를 물었을 때 대답은 하나같이 비슷했다. "어머니, 어차피 아이들은 적응 기간이 있다고 해서 울지 않는 것은 아니에요. 오히려 처음부터 엄마 없이 와야 더 빨리 적응해요." 그러나 사실 놀이학교에 적응 기간이 없는 가장 큰 이유는 자유 놀이 시간이 없는 것과 같은 이유이다. 원비가 비싸기 때문에. 월 150만 원이면 하루에 7만 원이 넘는 돈을 지불하는 셈인데, 겨우 30분, 1시간을 적응 시간으로 보내고 집으로 돌려보낼 수 없기 때문이다. 그렇다고 적응 기간 동안 돈을 적게 받는 것은 더욱더 생각할 수 없을 것이다.

그러나 우리 아이는 사실 적응 기간이 없어 놀이학교 적응에 실패한 대표적인 케이스였다. 우리 아이는 나를 닮아 굉장히 예민하고 겁이 많은 편이다. 나중에 안 사실이지만 이런 성향의 아이들은 적응 기간이 필수적이다. 그런데 당시의 나는 그 사실을 몰랐고,

아이는 적응 기간 없이 '첫날부터' 9시 30분에 등원해서 2시에나 하원을 했다. 놀이학교에 약 한 달간 다니며 늘 밝았던 아이는 변해갔다. 놀이학교 얘기만 나와도 화를 내며 울었고, 등원하기 전은 물론 하원 후에도 몇 시간을 울었다. 밤에도 잠을 제대로 이루지 못했고 악몽을 꾸는 듯 몇 번을 잠에서 깨 울었다. 아이는 너무나 불안해 보였고 힘들어 보였다. 주변에서는 결국 적응할 것이니 조금만 버티고 참으라고 했지만 아이는 나아질 기미가 보이지 않았다. 그래서 나는 지인의 소개로 오랜 기간 어린이집에 근무한 국공립 어린이집 선생님과 상담을 했고, 그날 밤 퇴소를 결심했다.

그 어린이집 선생님은 우리 아이의 상태를 듣고는 이렇게 말했다. "어린아이에게 낯선 어린이집에 혼자 남겨지는 것은 마치 버려지는 것과 같은 느낌이에요. 장소도 사람도 처음이니 모든 것이 낯설지요. 그래서 적응 기간이 필요해요. 엄마와 함께했던 공간이라는 데서 오는 안도감이 있는 거죠. 그리고 점차 시간을 늘려가며 엄마가 나를 버린 것이 아니라 조금 있으면 엄마가 데리러 올 것이라는 확신을 주어야 해요." 그리고 마지막으로 이런 말을 했다. "물론 적응 기간이 없는 놀이학교를 다니는 아이들도 대부분은 결국 기관 생활에 적응하죠. 그런데 사실 적응하는 것이 아니라 '포기'하는 거예요. 아무리 울어도 계속해서 가야 하니 결국엔 포기하는 것이 빨리 적응하는 것처럼 보일 뿐이죠."

실제로 한참 뒤에 새로 입소한 어린이집에서는 약 한 달간 적응 기간을 가졌다. 그리고 그 이후로 지금까지 단 한 번도 어린이집에 등원할 때에 운 적이 없었다.

나는 어린이집이 무조건 더 좋다고 말하는 것은 아니다. 앞서 언급했듯 분명 놀이학교가 어린이집보다 좋은 점도 있다. 그러나 나는 잠시지만 아이를 놀이학교에 보내며 3살 아이에게 필요한 것은 최고급 시설이나 화려한 커리큘럼이 아니라는 확신은 들었다. 느릴지언정 빠르지 않은 교육, 다채롭진 않지만 안정감 있는 교육, 적어도 영유아기의 아이들에게는 그런 교육이 필요한 시기라는 확신이 들었고, 지금도 그 생각은 변함이 없다. 그래서 우리 아이는 여전히 어린이집을 다니고 있다.

나는 지금도 놀이학교에 다니던 3주간의 사진을 제대로 보지 못한다. 우연히 사진첩을 넘기다 그 사진들을 보기라도 할 때면 어김없이 내 눈에는 눈물이 고인다. 고작 26개월 된 아이가 겪어야 했던 슬픔과 불안이 당시의 사진에 오롯이 남아 있다. 당시에 매일같이 울며 등원하는 아이를 걱정하는 나를 위해서, 놀이학교 선생님들은 요청하지 않아도 매시간 사진을 보내주었다. 너무 울어 눈이 퉁퉁 부은 채로 억지로 웃고 있는 아이의 모습. 사진을 찍을 테니 웃으라고 말하는 선생님을 향해 아이는 애착 인형을 꼭 안은 채 슬프게 웃고 있었다.

아이를 첫 기관에 보내기 전 나는 내 아이의 교육에 언제나 자신 있었다. 나는 많이 배운 교육자이니 내 아이만큼은 실수 없이 키울 수 있을 거라 생각했다. 자만이었다. 나도 결국 실수와 후회를 반복하며 아이를 키우는 엄마가 처음인 사람일 뿐이었다.

놀이학교 퇴소 후 이야기

    우리 아이는 놀이학교를 보낼 즈음, 이미 말을 굉장히 잘하는 상태로 어른들과의 의사소통에 전혀 문제가 없었다. 그러나 웬일인지 놀이학교를 다닐 당시에는 울기만 할 뿐 그곳이 싫은 이유를 말하지 않았다. 어르고 달래며 물어도 놀이학교에 대한 이야기를 전혀 꺼내지 않았다. 그래서 나는 아이가 퇴소한 후에도 한참 동안 아이가 놀이학교를 그리도 싫어했던 이유를 짐작만할 뿐, 정확히 알 수 없었다.

    놀이학교를 퇴소 한 후 시간이 흘러 아이는 점차 예전의 밝았던 모습으로 돌아왔다. 밤에도 잠을 잘 잤고 낮에도 더 이상 이유 없이 울거나 짜증내지 않았다. 그러던 중 대기를 걸어두었던 새로운 국공립 어린이집에서 연락이 와서 상담을 가게 되었다. 나는 선생님들께 아이가 몇 달 전 놀이학교에서 마음의 상처를 받아 기관에 대한 트라우마가 남아 있을까 염려된다고 말했고, 어린이집 선생님들께서는 아이가 천천히 적응할 수 있도록 최대한 배려하겠다고 말해주셨다. 적응 기간은 아이에게 맞춰 얼마든지 늘려줄 수 있다고도 했다. 나는 마음이 한결 편해졌고 그렇게 두 번째 기관 생활이 시작되었다.

처음 시작부터 이전의 놀이학교와는 완전히 달랐다. 첫날에는 어린이집을 둘러보며 여기는 어디고 앞으로 무엇을 하며 보낼지를 찬찬히 설명해주셨다(놀이학교는 등원 첫날이 놀이학교를 안까지 처음 가는 날이었다. 그리고 첫날부터 하루를 꽉 채워 수업을 했다). 처음 1주 차는 엄마와 30분, 다음 2주 차는 혼자 30분, 다음 3주 차는 엄마와 1시간, 다음 4주 차는 혼자 1시간, 그렇게 아주 느리고 천천히 점차 시간을 늘려갔다. 시간이 지나며 아이는 어린이집을 친근한 장소로 생각하게 되었다. 그리고 엄마가 나를 놓고 가는 것이 아니라 일정 시간이 지나면 반드시 온다는 것도 알게 되는 것 같았다. 내가 아이를 데리러 갈 때면 아이는 환하게 웃으며 나를 반겼다. 그렇게 3주가 지날 즈음 아이가 이제 집에 일찍 가고 싶지 않다고 했다. 아이는 단 하루도 울거나 가기 싫다는 말을 하지 않으며 적응을 완료했다.

그러다 몇 개월이 지난 어느 날 갑자기 아이가 말했다. "전에 다니던 어린이집은(놀이학교) 선생님들이 장난감만 많이 꺼내주고 잘 놀아주지는 않았어. 그런데 여기는 선생님들이 장난감도 주고 잘 놀아줘서 좋아." 마음이 다시 한번 무너지는 순간이었다. 사실 놀이학교를 그만둘 당시에 선생님들에 대해서 큰 불만을 가지지는 않았다. 단지 놀이학교의 커리큘럼이나 적응 방식과 같이 운영 방식 자체에 대한 문제가 있다고 느꼈다. 특히나 예민한 기질의 우리 아이와 맞지 않는다고 느낄 뿐이었다. 오히려 놀이학교를 다니는 내내 원장님을 비롯한 선생님들은 나에게 언제나 과도할 정도로 친절했고, 하루에 몇 번씩 전화와 문자를 주며 나를 안심시켰다. 실제로 주변의 이야기를 들어봐도 놀이학교 선생님들은 굉장히 친절하다. 그런데 그 '친절의 대상'에 아이도 포함되는지 잘 살펴봤어야 했다.

물론 어린이집에도 놀이학교에도 친절한 선생님은 있고, 불친절한 선생님도 있다. 그러나 학부모가 운영 비용의 전반을 지불하는 놀이학교 특성상, 놀이학교의 선생님들은 학부모들에게 좀 더 친절하고 조심할 수밖에 없다. 하지만 어린이집 선생님들은 나에게 필요 이상으로 친절할 필요가 없다. 실제로 어린이집의 선생님들은 적응 기간조차도 매일 전화를 주지도 않았고 매일 사진을 보내주지도 않았다. 오히려 어린이집에서는 미리 아이들이 등원 중인 시간대에는 문자나 전화가 어렵다고 공지를 한다. 사진 또한 일주일에 한 번 몰아서 보내주는 식이다.

당시 놀이학교 선생님은 아이의 적응 기간 내내, 하루에도 몇 번씩 우리 아이의 사진을 찍고 나에게 문자를 보내주었다. 당시에 나는 덕분에 안심이 되었고 참 고맙다는 생각을 했었다. 그런데 문득 이런 생각이 들었다. 선생님이 사진과 문자를 전송하던 그 시간 동안, 다른 7명의 아이들을 무엇을 하고 있었을까. 아마 우리 아이가 나간 후 새로운 아이가 들어오면, 또다시 선생님은 사진을 찍고 문자를 해야 할 것이다.

아이는 1년이 다 지나가는 요즘도 종종 말한다. "이전에 다니던 어린이집은 내가 좋아하는 노란 셔틀버스가 있었지. 그런데 그래도 싫었어. 왜냐하면 엄마가 없어서 싫었어. 그리고 잘 놀아주지 않았어." 아이에게 놀이학교는 여전히 엄마가 올지 안 올지 확신이 없는 곳, 아이와 마주 보고 오랫동안 놀아주는 사람이 없는 곳으로 기억되고 있었다.

사실 우리는 36개월 이전의 아이들에게 부모보다 좋은 교육 기관은 어디에도 없다는 것을 안다. 그럼에도 내가 그랬듯, 요즘은 저마다의 피치 못할 이유로 아이를 이른 시기에 기관에 보낸다. 엄마가 힘들어서, 맞벌이여서, 아이가 심심해서 등등. 그렇다면 우리 부모는 최소한 어린아이들에게 안정감과 즐거움을 줄 수 있는 곳을 선택해야만 한다. 고작 4살도 안 된 아이들에게, 편안하고 즐거운 환경 그 이상의 무엇이 필요할까.

놀이학교에 다닌 3주는 나의 잘못된 선택이 아이에게 얼마나 거대한 영향을 미칠 수 있는가에 대해 생각하게 된 날들이었다. 엄마도 엄마가 처음이라는 말로 변명으로 넘겨버리기에는, 아이에게도 나에게도 너무 힘든 날들이었다. 그래도 나는 놀이학교에서의 쓰라린 경험을 한 이후부터, 아이와 관련된 선택을 할 때면 언제나 아이의 시선에서 바라보려고 노력한다. 정말 내 아이에게 맞는 것일지, 내가 아니라 내 아이가 정말 행복해할지를 생각해본다. 현재 다니는 어린이집이 4살까지만 운영하는 곳이라 5세에는 새로운 기관을 선택해야 한다. 그래서 이번에는 나의 선택이 부디 아이에게 최선의 선택이길 바라며 매일같이 머리를 싸매고 고민 중이다.

영유아기 기관의 종류

	어린이집	놀이학교	일반 유치원	영어 유치원
소속 기관	보건 복지부	X	교육부	X
대상 나이	만 0~5세	만 2~5세 (미정)	만 3~5세	만 3~5세 (미정)
목적	누리 과정 보육	놀이를 통한 교육	누리 과정 교육	영어 습득
교사 자격	보육 교사 자격증	X	유치원 정교사 자격증	X
종류	국공립/민간/가정	-	병설/단설/사립	학습식/놀이식/절충식
비용	무료	100~200만 원 (강남 기준)	약 50만 원	150~200만 원 (강남 기준)

매년 10월이면 압구정에는 전쟁이 난다
〈입학을 위한 입금 전쟁〉

매년 10월부터 이곳에서는 전쟁이 난다. 다름 아닌 원하는 학원에 입학하기 위한 입금 전쟁이다. 이 동네는 3세 놀이학교부터 영어 유치원, 초등 영어 학원까지 어느 곳 하나 수월하게 들어갈 수 있는 곳이 없다. 그래서 많은 엄마들이 "내 돈 내고 내가 가겠다는데 받아주는 곳이 없다"라며 푸념을 한다. 그러면서도 엄마들은 10월이면 마치 전쟁을 준비하는 사람처럼 결연하다.

입금 전쟁이 치러지는 곳은 크게 두 가지로 유형으로 나뉜다. 입금만 하면 입학이 결정 나는 곳, 입금을 하면 입학을 위한 레벨 테스트를 볼 수 있는 곳. 사실 입금만 하면 입학이 결정 나는 곳은 그나마 해볼 만하다. 물론 이런 곳은 대부분이 3~5세가 다니는 학원들로, 레벨 테스트를 하지 않고 뽑을 만큼 실력의 차이가 크지 않은 아이들이 다니는 곳이다(물론 5세부터 레벨 테스트를 보는 곳도 있다). 그러나 입금을 성공해도 겨우 레벨 테스트를 볼 수 있는 곳은, 그때부터 전쟁은 다시 시작이다.

많이들 도대체 어느 정도 이기에 '전쟁'이라는 용어까지 쓰는지 궁금할 것이다. 예를 들어 9시에 입금이 시작되어 선착순으로 입학이 결정된다고 하면, 소위 3초 컷이다. 즉, 3초 안에 대부분은 입금이 마감 된다는 소리다. 그래서 보통은 가족과 친구까지 동원하여 9시가 되면 입금을 시작한다. 내가 아는 엄마는 할머니, 아빠, 본인까지 총 3명이 입금을 해서 겨우 한 명이 성공하는 영광 아닌 영광을 누렸다. 입금 전쟁에서 패배한 어떤 엄마는 말한다. 9시 입금이라 10분 전부터 기다리다, 9시가 되자마자 입금했는데 떨어지는 것이 신기할 뿐이라고.

사정이 이러니 이 동네의 유명 학원들은 기세가 등등하다. 한 유명 초등어학원은 고맙게도(?) 레벨 테스트에 1,600명이나 지원이 가능하도록 했다. 물론 그럼에도 마감은 3초 컷이다. 그러나 충격적이게도 최종적으로 뽑는 원생은 100명으로, 고작 100명 뽑는데 1,600명이 지원 가능하게 한 것이다. 좀 더 많은 아이들에게 기회를 주었으니 감사하는 것이 맞을까? (그 1,600명에도 들어가지 못해 안타까워하는 학부모가 널린 것은 사실이다.) 그러나 학부모들은 알고 있다. 학생 한 명당 레벨 테스트 비용이 10,000원이니, 학원은 그 하루에 1,600만 원을 번 셈이다. 그래서 입금 전쟁 당일 학원은 월세를 걷었다는 소문이 들렸다.

뿐만 아니라, 심지어 최근에는 학원 입학 설명회조차 초도 물품비(약 30만 원)를 선납해야 들을 수 있는 곳이 생겼다. 그 학원이 어떤 곳인지 알기 위해 가는 설명회에, 준비물 비용을 미리 내야 갈 수 있는 것이다. 물론 설명회 이후에 입학을 취소할 경우 대부분 환불은 해준다. 하지만 갈지 안 갈지 선택은커녕 제대로 된 설명도 듣지 못한 곳에, 미리 돈을 내야 한다는 것이 상식적으로는 이해가 가지 않았다. 그러나 결국 대부분의 학부모들은 입금을 하고 설명회를 신청한다. 물론 설명회를 신청하기 위한 입금도 서두르지 않으면 금방 마감이다.

도대체 아이들 학원 하나 보내는데, 전쟁 통이나 다름없다. 그러나 누구 하나 전쟁에서 물러설 기미는 안 보이고, 그렇게 나날이 학원의 콧대는 점점 높아져만 간다.

제5장

영어 유치원 편

4세, 입시를 준비할 나이

얼마 전 아는 엄마에게 족보를 받았다. 대학생 때나 있던 족보가 어쩐 일로 나에게 왔을까? 알고 보니 그 엄마는 동네에서 제일 유명한 영어 유치원을 다니는 자녀를 두고 있었다. 첫째가 곧 유치원에 갈 나이인 것을 아는 엄마가 나를 배려해 보내준 것이 바로, 그 영어 유치원의 족보였다. 얼마나 많은 사람들이 아이를 이곳에 보내고 싶어 열을 올리기에, 족보까지 돌아다니는 것일까? 명심할 것은, 이 족보를 보는 아이는 고작 4세라는 점이다.

압구정의 아기들이 3세에 놀이학교에 갔다면, 5세는 영어 유치원을 다닐 차례다. 그래서 놀이학교의 6, 7세 반의 정원은 대부분 미달이다. 실제로 내 주변에도 6세가 넘어서까지 놀이학교를 다니고 있는 사람은 거의 없다. 심지어는 근방의 어린이집도 6, 7세 반은 비슷한 실정이다. 다양한 사유로 놀이학교가 아닌 어린이집을 택한 부모들조차, 아이가 5세가 되면 영어 유치원을 보내기 때문이다. 그래서 우리 아이가 다니고 있는 어린이집은, 몇 년 전 아예 5, 6, 7세 반을 없애버렸다.

사정이 이렇다보니 놀이학교라는 타이틀이 무색하게, 아이들이 놀지 못하는 곳이 많아지고 있다. 어떻게든 학부모들이 영어 유치원으로 옮겨가는 것을 막아야 하기 때문이다. 또한 말만 놀이학교이지 실제로는 영어 유치원과 다를 바 없는 교육 과정을 가진 곳도 있다. 심지어 동네에서 가장 유명한 A놀이학교 4세 반은 영어 유치원 5세 반보다 높은 수준의 영어를 배운다. 그래서 A놀이학교 4세 반을 졸업하고 다른 영어 유치원을 보내면, 배울 내용을 이미 알고 있는 경우가 많다. 실제 아이를 A놀이학교에 4세까지 보내던 한 지인은, 5세에 다른 영어 유치원을 보내면서 그동안 배운 것을 '복습'하기를 기대한다고 말했다.

A놀이학교가 이렇게나 어린아이들에게 공부를 시키는 이유는, 다름 아닌 같은 계열사의 B영어 유치원에 아이들을 합격시키기 위해서이다. B영어 유치원은 이 일대에서 가장 공부를 잘한다는 아이들이 다니는 곳으로 유명하다. 그래서 대부분의 엄마들은 일단 자신의 아이를 어떻게 해서든 B영어 유치원에 보내고 싶어 한다. 어떤 엄마는 B영어 유치원에 합격하는 것은, 영유아 엄마들에게는 서울대 합격과 같다고도 말할 정도다.

대개 영어 유치원 5세반 입학은 시험을 보지 않지만, B영어 유치원에 들어가기 위해서는 반드시 4세 하반기, 11월 즈음에 입학 테스트에 통과해야 한다. 4세 하반기 아이들의 개월 수는 많아야 44개월이다. 4년도 채 살지 못한 아이들이지만 아래의 내용을 모두 할 수 있어야 시험에 통과할 수 있다(참고로 43개월, 인지 발달이 빠른 편인 우리 아이는 아래의 내용 중 단 하나도 할 줄 모른다. 평범한 성장 환경에 있는 아이라면 4세에 할 수 없는 것들이다).

B영어 유치원에 입학하기 위한
4살 아이들의 시험 통과 조건

- 알파벳 소문자와 대문자를 모두 외워서 삼선에 맞추어 쓰기
- 파닉스, 숏바울[4], CVC 단어[5] 읽기
- 숫자 1~20까지 외워서 쓰기
- 자신의 이름 쓰기
- 영어 '문장'으로 대화 주고받기

---

4 영어는 하나의 모음을 길게 발음하기도 하고, 짧게 발음하기도 한다. 숏바울이란, 모음 a, e, i, o, u가 짧게 발음되는 단어이다. ex) cat, bed
5 자음-모음-자음으로 이루어진 단어 ex) can, tap

그런데 이러한 고난도의 입학 테스트마저도 B영어 유치원에서 주최하는 '영재 테스트'에 통과한 아이들에게만 볼 수 있는 자격이 주어진다. 이 영재 테스트는 정말 영재를 구분하는 테스트라기보다 B영어 유치원에 적응할 수 있는 아이를 가려내는 테스트라고 보면 된다. 테스트는 엄마와 분리되어 진행되는데, 만 3세의 아이들이 낯선 공간에서 낯선 사람과 테스트를 수행하는 것은 생각보다 쉽지 않다. 따라서 시험 자체가 불가능한 경우도 많다. 그러다보니 엄마들은 시험 전부터 아이들에게 분리 연습까지 시킨다. 또한 너무 많이 움직이거나 산만한 아이도 영재 테스트 결과와 상관없이 통과하지 못한다. 결국 영재 테스트라는 이름을 걸어놓고는, 엄마 없이 영어 유치원에서 가만히 앉아 조용히 공부할 학생들을 가려내는 것이다.

이처럼 아이들은 입시와 다를 바 없이 힘들고 치열한 과정을 겪어야 비로소 영어 유치원에 합격한다. 그리고 이것을 이곳에서는 '5세 입시'라고 한다. 19살에 대학에 들어가기 위해 치르는 입시가 아니라, 5세에 영어 유치원에 들어가기 위한 입시인 셈이다.

아마 아이를 키워본 부모라면 이 모든 것들이 얼마나 말도 안 되는 일인지 알 것이다. 그 말도 안 되는 일을 하려면 어떻게 해야 하겠는가. 36개월 이전부터 아이들을 말도 안 되게 훈련시켜야 한다. 그리고 그 훈련을 바로 같은 계열사의 A놀이학교에서 시켜주는 것이다. A놀이학교는 B영어 유치원의 등용문인 셈이다.

앞서 설명했듯 놀이학교이기 때문에 24개월 정도부터면 다닐 수 있는 이곳에서, 고작 3살, 4살의 아이들이 B영어 유치원에 가기 위한 준비를 하고 있다. 자녀를 A놀이학교에 보낸 주변 엄마의 이야기를 들어보면, 일단 A놀이학교를 입학하면 아이들은 기본적으로 모든 수업을 책상과 의자에 앉아서 들어야 한다. 앉아 있는 힘과 집중력을 길러준다는 것인데, 당연히 수업은 정적이고 학습 위주로 진행된다. 반면 대부분의 5세 이전의 아이가 다니는 어린이집에는 책상과 의자가 없다. A놀이학교의 다닥다닥 붙어 있는 책상과 의자는 원이 추구하는 방향을 가장 잘 보여준다.

물론 A놀이학교에 다닌다고 모두 B영어 유치원으로 진학할 수 있는 것은 아니다. 다만 현격히 높은 학습량과 수준, 그리고 같은 계열사에게 주어지는 테스트 우선권 덕분에 실제로 합격률은 높은 편이다. A놀이학교 재원생에게 B영어 유치원 입학 테스트를 볼 수 있는 우선권을 주는데, 이는 생각보다 큰 메리트이다. 왜냐하면 A놀이학교 출신의 아이들이 먼저 시험을 보고 붙은 만큼, 타 원생이 지원 가능한 입학 TO가 줄어들기 때문이다. 또한 앞서 말했듯 B영어 유치원으로 진학할 수 있을 만큼 충분히 '빡세게' 공부시키기 때문에, B영어 유치원으로의 진학률은 높은 편이다. 실제 B영어 유치원의 정원 중 80퍼센트가 A놀이학교 출신이라고 한다. 그래서 이 동네에서 치맛바람 좀 날린다는 엄마들 사이에서는

'24개월 무렵 A놀이학교 → 5세 이후 B영어 유치원'은 유명한 공식처럼 회자된다.

엄마들 사이에서 알려진 성공으로 가는 지름길

30분에 15만 원인
5세 입시 과외가 있었다

'5세 입시'는 '입시'라는 단어가 무색하지 않게 힘들고 어렵다. 입시를 치르는 대상의 나이를 고려하다면 대학 입시와 다를 바 없는 스트레스이지 않을까 싶다. 그리고 이 5세 입시에서 성공하기 위해서는 A놀이학교를 다니는 것 이외에 반드시 해야 할 것이 있다. 3세 혹은 늦어도 4세부터 '5세 입시 과외'를 해야 한다. 실제 아이를 B영어 유치원에 입학시킨 엄마를 만나 들어보니, 입학한 아이들의 90퍼센트 이상이 과외를 해서 들어온다고 한다(A놀이학교 출신이 아니라면 과외는 더욱더 필요하다).

나는 처음에 '5세 입시'라는 이야기를 들었을 때 코웃음을 쳤었다. 아무리 세상이 변했다 한들 이제 막 기저귀를 떼기 시작한 3, 4세의 아이들을 붙잡고 뭘 얼마나 하겠냐는 것이다. 하지만 깊숙이 들여다본 현실은 너무나도 가혹했다. 소수의 일이라고 치부하기에는 이곳의 너무 많은 엄마들이 '5세 입시'에 매달리고 있었다.

각자의 교육관이 다른 일이라고 넘겨버리기에는 너무 심각한 수준이었다. 분명 무엇인가 잘못되고 있다고 느꼈다. 내 자식 키우느라 잊고 지낸 교육자로서의 사명감마저 끓어오를 판이었다.

그러고 보니 이 지역의 맘 카페와 사교육 카페에 늘 올라오던 글들이 불현듯 생각났다. 하루에도 몇 개씩 영어 유치원 관련 과외를 구하는 글이었다. 관심이 없을 때는 아무렇지 않게 넘겼던 글이었다. 다시 들어간 카페에는 유명 영어 유치원 입시 과외 선생님을 구하는 글, 영어 유치원 숙제를 봐줄 선생님을 구하는 글들로 넘쳐났다. 심지어는 영어 유치원 입학 테스트와 레벨 테스트가 있는 하반기에 가면 과외를 하고 싶어도 할 수 없었다. 취재의 목적으로 실제 과외를 문의했을 당시가 8월이었는데, 스케줄이 꽉 차 있어서 대기를 걸어야만 가능하다고 했다. 고작 4세의 아이들에게 과외를 시키려는 사람들이 이렇게 많았던 것이다.

입시 열풍을 증명하기라도 하듯 과외 금액 또한 천정부지로 솟고 있었다. 보통은 1회 45분 기준 7만 원에서 8만 원, 한 달이면 60만 원의 돈이었다. 그런데 이 또한 일반적인 과외 기준이고, 고액 과외는 상상을 초월했다. 1회 30분에 15만 원을 받는 과외 교사도 있었다. 주 2회, 한 달이면 120만 원이었다. 누군가는 돈 많은 부모가 자기 자식에게 비싼 과외를 시키는 것이 왜 문제가 되느냐고 물을 수도 있다. 그러나 과외를 받는 대상이 3, 4세의 어린 아이들이라면 문제의 소지는 충분하다. 그 어떤 이유를 댄다 한들,

그 나이의 아이들을 앉혀놓고 단어를 외우게 하고 알파벳을 쓰게 하는 것이 합리화될 수 있을까?

교사들의 자질 또한 문제 중 하나이다. 실제로 B영어 유치원 입시 전문 과외 교사 중에는 본인의 학력을 교묘하게 속이거나 위조하는 경우가 많다. 또한 본인의 실력보다는 SNS 마케팅이나 주변의 인맥을 활용하여 유명세를 떨치는 경우도 많다. 이보다 더욱 문제는 과외 교사들이 사실상 영유아에 대한 이해가 전혀 없기 때문에, 그 나이의 아이들을 마치 초등학생 대하듯 혼내거나 지시하는 등의 잘못된 교육 방법을 사용한다는 것이다.

최근에 '5세 입시 과외'와 관련한 큰 사건이 있었다. 30분에 15만 원을 받는다는 선생님에게 본인의 아이를 과외 시킨 학부모가, 그 선생님을 비판하는 글을 '동네 맘 카페'에 올린 것이다. 상황을 요약을 하자면, 4살 아이를 B영어 유치원을 보내기 위해 주 2회씩 고액 과외를 시켰다. 하지만 교사는 생각만큼 아이를 열심히 가르치지 않았고, 아이의 실력도 늘지 않았다. 어떻게든 아이의 영어 실력을 올려보려 또 다른 고액 과외 교사까지 붙여서 주 4회 영어 과외를 했다. 그러나 시간이 지날수록 아이의 영어 거부는 극에 달하고, 영어 과외 시간만 되면 겁을 먹고 울었다고 한다. 결국 아이가 너무 힘들어해서 과외를 모두 끊고자 했으나 환불을 해주지 않았다는 것이다. 그러나 이후에 다행히도 좋은 '놀이식 과외 교사'를 만나게 되며 아이의 실력이 월등히 향상되었고, 결국 B영어 유치원에 합격했다며 끝을 맺었다.

이 글을 읽으며 나는 꽤나 울었던 것 같다. 당사자 엄마가 쓴 길고 장황한 글 속에서 나는 단 한 명의 모습만 머리에 맴돌았다. 눈물을 흘리며 과외 교사 앞에 앉아있던 4살짜리 아이. 이 비극은 어디서부터 비롯된 것일까? 물론 30분에 15만 원이라는 돈을 받고도, 아이에 대한 배려나 이해 없이 형식적으로 수업을 진행한 교사도 문제가 있다. 그러나 더욱 문제는 한국말도 제대로 못하는 4세 아이를 앉혀 놓고는 과외를 시키고, 실력이 늘지 않는다는 이유로 과외를 주 4회로 늘리는 부모의 욕심이 아닐까?

그리고 더욱 비극이었던 것은, 이 글에 달린 100개가 넘는 댓글의 내용이었다. 나는 글을 읽으며 글을 쓴 학부모에 대한 비판이나 조언의 댓글이 많이 달릴 것이라 예상했다. 하지만 현실은 나의 예상을 완전히 빗나갔다. 댓글의 대부분은 그래서 B영어 유치원에 합격시켜준 놀이식 과외 교사가 누구냐는 것이었다. 누구도 감히 그 엄마에게 비판을 하지 못했고, 누구도 그 아이의 마음을 헤아리려는 사람이 없었다.

나라도 묻고 싶었다. 그렇게까지 해서라도 그곳에 보내야겠냐고. 그래서 그렇게라도 해서 그곳에 간다면 그간 아이가 겪은 모든 일들은 괜찮아지는 거냐고.

영어 유치원에서는 영어를 끝내야 한다
(놀이식 영어 유치원이 사라지는 이유)

이 동네의 아이들은 5~6세면 모두 영어 유치원에 들어간다. 영어 유치원이 아무리 흔해졌다 한들, 대부분의 지역에서는 기본적으로 일반 유치원에 입학하는 비율이 높다. 그러나 강남, 특히 압구정 일대에서는 5~6세에 영어 유치원에 다니지 않는 아이를 찾는 것이 힘들다. 어느 정도냐면 혹여나 이 동네에서 아이가 6살에도 영어 유치원에 보내지 않는 부모를 만나면 다들 처음 하는 말은 "왜 영어 유치원에 안 보내요?"이다. 나조차도 이제 그 나이대의 아이를 만나면 아이의 엄마나 아빠에게 물어본다. "어디 영어 유치원 보내세요?"

하지만 영어 유치원이라고 모두 같은 영어 유치원은 아니다. 영어 유치원은 보통 학습식, 놀이식, 절충식으로 구분된다. '학습식'은 말 그대로 영어를 '공부'로 배우는 곳으로, 읽기와 쓰기가 주 학습 내용이다. 앞서 언급한 이 일대에서 가장 인기 있는 B영어 유치원이 전형적인 학습식 영어 유치원이다. 반면 '놀이식'은 놀이로 영어를 배우며, 듣기와 말하기를 중점적으로 하는 곳이다. '절충식'은 공부도 놀이도 적당히 하는 곳이다.

학습식 영어 유치원은 놀이식 영어 유치원에 비해서 학습량이 많고 진도도 굉장히 빠르기 때문에 아웃풋이 좋은 편이다. 보통은 이 근방의 학습식 영어 유치원 3년 차면, 적어도 미국의 초등학교 2학년을 마친다고 알려져 있다. 미국 초등학교 3학년 과정까지 마치는 곳도 더러 있다. 한국의 7살이 한국 초등학교의 2학년 교과서를 공부하는 것도 힘든데, 미국의 2학년 교과서를 마친다니, 놀라울 따름이었다.

그런데 요즘 압구정에서는 놀이식 영어 유치원이 사라지고 있다. 혹은 놀이식이나 절충식이라고 설명했지만, 막상 들어가도 6~7세가 되면 모두 학습식 영어 유치원과 다름없다. 그 이유인즉슨 '아웃풋'이 좋지 않아, 학부모들의 선택을 받지 못하기 때문이다. 나는 궁금해졌다. 도대체 이 동네의 학부모들은 어떤 이유로, 고작 7세의 아이들이 미국 학생들의 2, 3학년 수준까지 마스터하기를 원하는 것일까.

"유치원에서는 영어를 끝내고, 초등학교 시기에는 수학을 달려야 한다" 실제 이 동네의 엄마들이 흔히 하는 이야기다. 물론 여기서 영어를 끝낸다는 것은, 초등학교 정도의 영어는 더 이상 공부하지 않아도 될 정도의 수준을 말한다. 그 정도의 영어 실력을 갖춘 아이들은 초등학교에서 배우는 내용은 더 이상 공부를 할 필요가 없다.

심지어 이 동네에서 정말 잘한다는 아이들은 놀랍게도 초등학교 2학년이면 수능 영어를 풀 수 있는 수준이다. 그제야 예전 5학년 담임 시절, 우리 반 아이가 수1을 공부한다고 했던 말이 기억났다. 초등학교에 가서는 수학에 전념하는 것, 그것이 영어 유치원에서 영어를 끝내야 하는 이유이다.

그리고 이렇게 영어 유치원에서 3년간 갈고 닦은 실력을 친절히도 확인시켜 주는 곳이 있다. 바로 예비 초등생을 대상으로 지독하게 어려운 레벨 테스트를 출제하는 초등어학원들이다. 어떤 영어 유치원을 나온 아이는 레벨 테스트에서 높은 점수를 받아 좋은 초등어학원에 간다. 반면 어떤 영어 유치원을 나온 아이는 레벨 테스트에서 낮은 점수를 받아 좋은 어학원에 가지 못한다. 이렇게 눈에 보이는 명확한 결과가 나오다 보니, 영어 유치원 또한 레벨 테스트를 대비하여 상당한 수준의 읽기와 쓰기를 가르칠 수밖에 없다. 영어 유치원이 학습식으로 변할 수밖에 없는 이유이다.

물론 영어 유치원에서는 아이들이 기관을 다니는 중에도, 수시로 학부모들에게 아이들의 실력 향상을 확인시켜 주어야 한다. 대부분의 부모들은 한 달에 최소 150만 원에 가까운 돈을 쓰는 만큼, 아웃풋을 두 눈으로 확인하고 싶어 한다. 그렇다 보니 원은 아이들의 실력을 손쉽게 증명할 수 있는 읽기나 쓰기의 레벨에 더욱

더 치중한다. 읽기나 쓰기는 말하고 듣는 영역에 비해 객관적이고 수치화하기 쉽기 때문이다. 반면 놀이식 영어 유치원을 보낸 엄마들은 대부분 뚜렷한 성과가 눈에 보이지 않으니 불안해진다. 실제로 이후에 초등어학원 레벨 테스트 결과도 그리 좋지 못한 것도 사실이다.

이렇다 보니 놀이식 영어 유치원이 설 자리는 점점 더 없어진다. 영어 유치원에서 영어를 끝내야 하는 마당에 놀이식이 가당키나 한가 말이다. 학부모에게 가시적인 결과물을 계속해서 보여주어야 하고, 아이를 높은 레벨을 받게 하여 좋은 초등어학원에 보내야 한다. 그렇게 이 근방의 영어 유치원들은 점차 학습식으로 변해가고 있다.

7살 예비 초등학생이 보는 레벨 테스트의 수준이 높은 이유

초등학교 1학년이 다닐 수 있는 대부분의 대치동 어학원은 미국 교과서 3점대로 시작한다. 즉, 미국 초등학교 3학년부터 시작한다는 것이다. 그래도 얼마 전까지만 해도 2점대였다는데, 이제는 2점대 학원을 찾아보기가 힘들다. 그러니 예비 초등학생들이 보는 레벨 테스트의 수준도 높아질 수밖에.

사실상 8살 아이들은 우리나라 초등학교 3학년 교재를 이해하는

> Into Reading 3.1 Module 3: Why We Celebrate the Fourth of July
>
> The Fourth of July, or Independence Day, is a fun Summer holiday. A day when you may see lots of flags, parades, and fireworks!
>
> But have you ever wondered what the celebration is about?
>
> Back in 1775, the thirteen American colonies rebelled against the control of Great Britain and sparked a war known in the United States as the Revolutionary War. After a year of fighting, the Second Continental Congress took a vote and decided that it was time for the colonies to officially declare their independence from British rule. They wanted to be free, and to be in charge of their own government.
>
> On June 11, 1776, the Continental Congress appointed Thomas Jefferson, along with Benjamin Franklin, John Adams, Robert Livingston, and Roger Sherman, to write a document to explain why they were declaring their independence. Thomas Jefferson wrote most of it, but after some changes by the other members of the committee, they presented it to Congress on June 28th. At first, not everyone agreed to vote for independence. They argued and debated the issue for days. Finally, on July 2nd, the agreement to declare independence passed. Congress made a few changes to the words of the document, and two days later, on July 4th, 1776, the Declaration of Independence was officially adopted.
>
> Not only did the Declaration of Independence state that the colonies would no longer be under British Rule, it said that governments only exist for the good of the people they govern, and that all people are equal. "We hold these truths to be self-evident, that all men are created equal, that they are endowed by their creator with certain unalienable Rights, that among these are Life, Liberty, and the pursuit of Happiness."

실제 대치 초등어학원에서 사용하는 1학년 2학기 말 교재

것도 어렵다. 왜냐하면 교과서에는 단순히 읽고 쓰는 능력 이외에도, 학년이 올라갈수록 어휘나 문장의 수준도 달라지기 때문이다. 그런데 심지어 미국 초등학교 3학년의 내용이라면 사실상 아이들은 한글로 번역시켜 놓아도 이해하기 힘들 수 있다. 미국의 문화, 정서, 은유를 이해할 수 없기 때문이다.

어쨌든 소위 대치동의 TOP3, TOP5라는 어학원을 다니려면

7살 아이들은 미국 초등학교 2학년을 끝내야만 한다. 아이들이 그것을 이해할 수 있든 없든 그것은 중요하지 않다.

영어 유치원을 다니려면
과외를 해야 한다고요?

이 동네에서는 정말 소수의 영어 유치원을 제외하고는, 놀이식이라고 말하는 영어 유치원조차 6세 이후부터는 너 나 할 것 없이 학습에 더욱 박차를 가한다. 진도는 가차 없이 나가는데 아이는 따라가지 못한다. 숙제는 늘어만 가고 시험도 매일 있다. 결국 아이들은 또다시 과외를 시작한다. 영어 유치원에 들어가기 위해 시작한 과외는 영어 유치원에 들어가서도 계속된다. 사교육을 위한 사교육은 끝이 없다.

지인 중에 한 명은 아이가 6살이 되던 해에 놀이식 영어 유치원에 보냈다가, 채 3개월을 못 채우고 이전에 다니던 놀이학교로 옮겼다. 이유를 물으니 놀이식 영어 유치원이라 해서 보냈던 곳이 앞서 말했듯 실제로는 놀이식이 아니었던 것이다. '놀이식인 척했던' 유치원에서는 매일같이 시험을 봤고, 아이는 매일같이 틀렸다. 심지어는 알파벳도 잘 모르는 아이에게 5문장의 작문을 해 오라는 숙제를 냈다. 도저히 상식적으로 이해가 가지 않았던 엄마는 유치원에 전화를 했고, 유치원에서 이렇게 말했다. "어머니, 아이가 과외를 안 해서 따라갈 수 없는 거예요. 과외를 시키세요. 영어 유치원에 다니면서 과외를 안 하는 아이는 거의 없어요."

영어를 배우기 위해 들어간 영어 유치원에서, 영어 과외를 시키라고 말하는 것은 '직무 유기' 아닌가? 그러나 절이 싫으면 중이 떠나는 수밖에 없듯, 그 아이와 엄마는 영어 유치원을 떠날 수밖에 없었다.

그나마 놀이식으로 알려진 영어 유치원이 이 정도인데, 앞서 언급한 학습식으로 유명한 영어 유치원은 어느 정도일까? 하루는 학습식 영어 유치원에 보내는 엄마를 만나 단도직입적으로 물었다. "아이가 힘들어하지 않아요?" 고맙게도 그 엄마는 그래도 다른 엄마들과는 달리 솔직하게 대답해주었다. "당연히 힘들어하죠. 안 힘들 수가 있어요?" 그래도 본인은 아이에게 하루 종일 공부만 시키고 싶지는 않아 숙제의 반만 해서 보낸다고도 했다. 그렇게 해도 영어 유치원이 끝나고 노는 시간은 한 시간 남짓이라고.

그나마 전업주부인 엄마들은 처음에는 직접 아이들의 숙제를 봐준다. 그러나 점점 양이 많아지고 아이와 부딪힐 일이 많아지면, 어느새 과외 교사를 찾게 된다. 일하는 엄마들의 상황은 더욱 힘들다. 어떤 엄마는 퇴근하고 돌아와 2시간 내내 숙제만 봐주다 아이를 재우는 날도 허다하다고 했다. 엄마가 퇴근하고 함께 놀

시간만을 기다렸을 아이에게, 그 2시간은 너무 가혹한 시간이었을 것이다. 그러니 일하는 엄마들도 점차 과외 교사를 찾는다.

많은 영어 유치원에서 과외를 하지 않으면 안 될 정도로 빠르게 진도를 빼고, 많은 숙제를 내고, 어려운 테스트를 본다. 일각에서는 영어 유치원이 이렇게 많은 숙제를 내는 것이 책임 면피용이라고도 말한다. 맥의 아이가 실력이 오르지 않는 이유는, 학원에서 내준 숙제를 다 해오지 않았기 때문이라고 말하면 된다는 것이다. 나는 이유를 막론하고, 나이가 많든 적든 사교육을 위한 사교육은 찬성하지 않는 편이다. 학원의 수업 내용을 정상적으로 이해하고 따라가기가 벅차서 과외를 해야 할 정도라면, 학원을 옮기는 것이 더 정상적인 대응 방법이 아닐까? 특히나 아이가 고작 6, 7세인 어린아이라면 더욱더 그러하다.

학습식 영어 유치원 3년차(7세)의 하루 숙제 양,
최소 2시간 분량

· 영어 작문하기
· 교재 문제 풀기 3p
· 영어 일기 쓰기
· 책 읽고 독후감 쓰기

우리 아이는 학습식 영어 유치원을 좋아해요. 사실일까?

 학습식 영어 유치원, 그중에서도 공부를 많이 시키기로 유명한 몇몇 영어 유치원에 대한 논란은 이 지역에서조차도 여전하다. 유명 학습식 영어 유치원을 보내는 엄마들은 이런 말을 한다. "우리 영어 유치원에 대한 부정적인 말들은 실상 이곳을 보내지 않는 엄마들만 해요. 실제 여기 영어 유치원을 보내는 엄마들은 하나같이 만족하거든요." 그러고는 마지막에는 이렇게 말한다. "우리 아이는 영어 유치원을 좋아해요. 수업도 재밌어하고 즐거워해요."
 과연 아이들은 정말 그 영어 유치원이 좋아서 다니는 걸까? 고작 3~5년 산 아이들에게 무엇이 좋고 싫음을 판단할 수 있는 기준이 있을까. 아이들에게 일반 유치원과 학습식 영어 유치원을 모두 경험하게 한 후 자유롭게 선택할 수 있도록 했을 때도 아이들은 영어 유치원을 선택할까? 무엇이 옳고 그른지, 무엇이 좋고 싫은지조차 분명히 판단할 수 없는 어린아이들에게, 어른들의 기준으로 선택한 하나의 선택지만 제시하고는, 그것을 좋아한다고 표현한다면 그것은 너무 모순이다.

간혹 어떤 엄마들은 본인의 선택을 이런 말로 합리화시킨다. 본인은 정말 학습식 영어 유치원에 안 보내도 되는데, 아이가 영어 공부를 너무 좋아한다고. 그러면 나는 묻고 싶다. 부모가 언제부터 아이가 원하면 무엇이든 해주는 존재가 되었냐고. 하다못해 사탕이나 아이스크림도 너무 많이 먹으면 배가 아프니 못 먹게 해야 하는 것이 부모이다. 그런데 고작 6살, 7살 아이가 그 나이에 누려야 할 것들을 모두 포기해야 하는 선택을 하는데도, 아이가 원한다면 해주는 것이 맞을까?

차라리 아이들이 부모가 원하는 것을 해주고 있다고 말하는 편이 낫겠다. 아이들은 생각보다 영리해서 부모의 기대를 너무나도 잘 안다. 자신이 어떤 행동을 했을 때 부모를 행복하게 할 수 있는지를 알고 있다. 태어나면서부터 부모를 사랑할 수밖에 없는 아이들은 부모를 행복하게 만들어주기 위해 늘 애쓴다. 영어 유치원이 힘들다고 말하면 실망할 부모의 모습을 아이는 분명히 알고 있는 것이다.

물론 언제나 예외는 있다. 정말 영재성이 있어, 여타 평범한 아이들과 일반적인 교육을 받으면 오히려 재미가 없고 지루한 아이도 있다. 그러나 다들 알다시피 이러한 소위 '영재'라고 칭할 수 있는 아이는 고작 전국의 0.1퍼센트다. 이런 아이들은 우리가 생각하는 일반적인 유아 교육 과정을 넘어서는 몰입식의 고난이도 교육을 받아 마땅하다 인정하겠다. 그런데 현실은 대부분의 평범한 아이들이 다녀야 할 일반 유치원은 물론 놀이식 영어 유치원조차 사라지고 있다. 그럼 영재가 아닌 대부분의 아이들은 어떤 마음으로 이 유치원을 다니는 것일까.

그러니 영어 유치원을 다니다가 극심한 스트레스로 '틱'[6]이 생기는 아이들이 많아진다. 솔직히 말해보자. 우리 아이가 정말 0.1퍼센트의 아이라 확신하는가.

주변의 많은 엄마들이 나에게 말한다. "그쪽 아이는 학습식 영어 유치원에 보내도 잘할 것 같으니 한번 보내봐요." 그러면 나도 그렇게 말한다. "저도 알아요. 보내면 잘하겠죠. 그런데 안 보내려고요." 내가 아는 우리 아이는 아마도 내가 학습식 영어 유치원에 보낸다면 잘할 수 있을 것 같다. 언어 감각도 좋은 편이고, 영어에 대한 관심도 많다. 우리 아이는 일반 어린이집에 다니지만, 1년간 영어 유치원에 다닌 아이들과 비슷한 수준으로 영어를 듣고 이해한다. 그럼에도 나는 보내지 않으려 한다. 만약 아이가 나는 학습식 영어 유치원에 꼭 가고 싶다고 해도 보내지 않을 각오가 되어 있다.

---

6 틱은 아이들이 특별한 이유 없이 자신도 모르게 얼굴이나 목, 어깨, 몸통 등의 신체 일부분을 아주 빠르게 반복적으로 움직이거나 이상한 소리를 내는 것을 말한다.

물론 학습식 영어 유치원을 간다고 모두가 틱이 오고 우울증이 생기는 것이 아니라는 것을 안다. 그런 아이들은 일부이고, 대부분은 어떻게든 적응해서 다닌다는 것도 알고 있다. 그런데 아마 누구도 그런 아이는 결코 없다고는 말하지 못할 것이다. 왜냐하면 이미 내 주변에도, 그들의 주변에도 몇 명씩 있기 때문에.

내 아이는 아닐 거라는 생각, 내 아이는 괜찮을 거란 생각, 내 아이는 버텨줄 거란 생각, 이런 생각들로 아이들을 책상 앞에 끌어다 앉힌다. 그러다 내 아이가 끝내는 버티지 못하는 아이가 되면, 그제야 너덜너덜해진 아이를 데리고 유치원 밖을 나온다. 우리는 알고 있다. 누구나 이 아이가 내 아이가 될 수 있음을. 그리고 그것은 결코 아이의 잘못이 아님을. 나는 그 불확실한 확률에, 우리 아이를 밀어 넣고 싶지 않다.

무엇보다 나는 우리 아이의 유아기를 책상에 앉아 영어 공부만 하며 보내게 하고 싶지는 않다. 우리 아이를 누구보다 사랑하고 위하는 엄마로서 도저히 그렇게 할 수가 없다. 나는 유아기에는 영어 공부보다 더욱 중요한 것들이 많다고 믿는다. 친구들과 뛰어놀며 배우는 사회적 관계, 부모와 시간을 보내며 쌓이는 정서적 안정감, 혼자 놀고 생각하며 얻는 사고력 등. 만약 학습식 영어 유치원에 들어가지 않은 대가로 아이가 레벨 테스트에서 좋은 결과를 얻지 못한다면, 그 또한 감수할 준비가 되어 있다.

나는 아이가 그 시기에만 오롯이 누릴 수 있는 모든 것을 주고 싶다. 하루에 6시간 가까이 앉아서 공부하면서도 재미있다고 말하는 아이가 되지 않았으면 좋겠다. 세상에 얼마나 재미있고 신기한 것들이 많은지 아는 아이가 되었으면 한다. 그래서 궁금한 것이 많고 하고 싶은 것이 많아서 매일매일이 기다려졌으면 좋겠다. 요즘 우리 아이는 매일 잠에 들며 말한다. "내일은 뭘 하고 놀지?" 그렇게 기대에 차서 잠들고 아침이면 누구보다 일찍 일어나 하루를 시작한다. 나는 우리 아이의 유아기를 그렇게 지켜주고 싶다.

당신의 아이가 그 유치원을 좋아한다고 착각할 수밖에 없는 이유

엄마들은 저마다 본인의 아이가 다니는 기관이 최고라는 말을 한다. 본인이 선택한 원이 별로라고 말하는 엄마는 거의 볼 수 없다. 주변에서 아무리 아이가 힘들 것 같다고 말해도 기어코 엄마는 아니라고 말한다. 이유는 여러 가지다. 첫째, 대부분은 여러 기관을 다녀본 적이 없기 때문에 실질적인 비교 대상이 없다. 영어유치원을 다니다 일반 유치원을 가거나, 일반 유치원을 다니다 영어 유치원을 가는 경우는 극히 드물다. 그러니 애초에 객관적인 비교가 힘들다. 둘째, 많은 엄마들은 아이들이 다니는 기관에 소속감이 생긴다. 특히 그 원이 들어가기 힘들수록 소속감은 높아진다. 결국 나와 내 아이가 속한 곳은 곧 나라고 생각하는 부모들은 아이가 다니는 원이 최고여야만 한다. 그래야 그 원에 다니는 우리 아이도 최고가 된다.

마지막으로 인지 심리학적 관점에서 본다면, '자기 합리화' 때문이다. 설사 기관을 선택하기 전까지는 수십 번 망설이고 헷갈렸을지라도, 일단 아이를 어떤 곳에 보내기로 결정했다면 부모는 그곳이 최고라 확신해야만 한다. 만약 그곳이 별로라고 생각하면서 아이를 기관에 보낸다면, 부모는 불안감과 초조함에 시달릴 것이다. 바로 '인지 부조화'의 상태이다. 그러니 일단 아이를 보낼 기관을 선택했다면, 부모는 그곳이 최고일 수밖에 없는 이유를 스스로 찾거나 만들어야만 한다. 즉, 인간은 누구나 자신이 한 선택의 '인지 부조화'를 겪지 않도록 '합리화'를 시킨다. 따라서 우리 모두는 끊임없이 의심하고 고민해봐야 한다. 이것은 '합리화'인가, 의심할 여지 없는 사실인가.

7세에 영어 유치원을 그만두는 이유

　7세가 되면 5세부터 다니던 영어 유치원을 그만두는 아이들이 종종 생긴다. 바로 '프렙 학원'으로 옮기기 위해서이다(물론 아이가 너무 힘들어하거나 싫어해서 그만두는 경우도 있지만, 그런 아이들은 7세 이전에 그만두는 경우가 많다). 이름도 생소한 '프렙(prep) 학원'이란, 초등어학원 레벨 테스트를 준비해주는 학원이다. 이 동네에서조차 생긴 지 얼마 안 된 이 학원은, 점점 과열되는 이 지역의 교육열을 반영한다. 보통 초등학교 입학을 앞두고 7세 후반쯤에 다니기 시작하고, 요즘은 이마저도 빨라져 6세부터 다닐 수 있는 곳도 있다.

　앞서 언급했듯 엄밀히 말하면 영어 유치원도 이름만 유치원인 '영어 학원 유치부'이지만, 그래도 유아기 아이들을 대상으로 하는 기관인 만큼 유치원의 구색을 맞추기 위한 나름의 노력을 한다. 그래서 공부를 많이 시키기로 유명한 학습식 영어 유치원조차도,

하루에 한 시간은 영어 이외의 수업이 있다. 하지만 이 프렙 학원은 명칭에서부터 알 수 있듯, 그냥 학원일 뿐이다. 우리가 학원이라고 떠올리면 상상되는 장면 그대로, 앉아서 수업을 듣고 읽고 쓰며 공부하는 곳이다.

아이가 7세가 되면서, 초등어학원 레벨 테스트를 앞둔 엄마들은 조급해지기 시작한다. 그래서 이제는 그나마 하루에 한두 시간 있는 영어 유치원의 유치원스러운 시간조차 아까워진다. 그래서 소수의 아이들로 구성되어, 빠르게 진도를 빼고, 레벨 테스트에 적합한 내용만 선별하여 가르치는 프렙 학원에 보낸다. 이것이 요즘 이 동네의 7세 아이들이 잘 다니던 영어 유치원을 그만두는 이유이다. 프렙 학원을 다니면 1시면 정규 수업이 끝나기 때문에, 그 이후에는 또 다른 학원과 과외로 채워진다. 혹은 영어 유치원의 정규 시간이 끝난 후 프렙 학원 오후반을 다니는 경우도 있는데, 이 경우 아이들은 두 배로 수업을 들어야 하니 훨씬 더 지친다.

사교육을 위한 사교육 행렬의 끝이 보이지 않는다. 놀이학교를 다니며 영어 유치원 입학 테스트를 준비하는 과외를 하고, 영어 유치원에 들어가서는 영어 유치원 진도를 따라잡기 위한 과외를 한다. 또 영어 유치원을 다니면서도 초등어학원을 준비하기 위해서는 또 다른 학원을 다녀야 한다. 심지어 테스트를 준비시켜준다는 프렙 학원도 테스트를 봐야만 들어갈 수 있다. 글로 쓰면서도 숨이 막히고 답답해서 머리가 아플 정도이니, 아이들은 어떨지 상상조차 되지 않는다.

얼마 전 한 예능 프로그램에 대치동 어학원 선생님이 나와서 이런 일화를 들려주었다. 학구열이 높기로 유명한 영어 유치원(아마도 학습식 영어 유치원)을 졸업한 아이가 어학원 레벨 테스트를 보러 왔다. 1차 지필 평가도 고득점, 2차 영어 인터뷰도 고득점이었던 아이가 마지막 작문 시험에서 예상 밖의 낮은 점수를 받아 가장 좋은 반에 들어가지 못하게 되었다. 이유는 '가장 행복했던 시간은 언제였나요?'라는 질문에 단 한 줄, '유치원에서 생일 파티를 했을 때'라고 대답했기 때문이었다. 나중에 아이를 따로 불러 물으니, 아이는 사실 그 생일 파티도 그다지 즐거운 기억이 아니었다고, 도저히 즐거웠던 시간이 기억이 나지 않아 영어 작문을 할 수 없었다고 말했다.

많은 사람들이 나에게 말한다. "이렇게 손 놓고 있다가는 나중에 갈 수 있는 초등어학원이 없을 거야." 그런데 나는 말하고 싶다. '그렇게 하다가는 나중에 아이가 떠올릴 수 있는 행복한 추억 하나 없을 거야.'

영어 유치원은 영어를 배우는 곳인가, 영어로 배우는 곳인가?

영어 유치원이 생긴 이래로 영어 유치원에 대한 문제가 지속적으로 제기되고 있다. 영어 유치원 교육 과정 자체 대한 근본적인 문제에서부터 영어 유치원 교사의 자질에 대한 논란, 과도한 비용, 급식의 허술함 등. 끊이지 않고 문제가 발생하는 데에도 불구하고 영어 유치원에 대한 수요는 높아만 간다. 그리고 이러한 영어 유치원 열풍은 더 이상 강남 일대의 문제만이 아니다. 강남을 선두로 전국적으로 퍼지고 있는 영어 유치원은 5~7세 자녀를 둔 부모들에게 새로운 고민거리를 안겨주고 있다. '영어 유치원을 보낼 것인가?'

처음엔 영어 유치원을 보낼 생각이 없었던 부모들도 아이들이 커가며 점차 생각이 바뀐다. 주변에서 영어 유치원을 보내는 아이들이 하나둘 늘어나고, 놀이터에 가면 또래의 아이들이 영어로 대화하는 소리가 들린다. 우리 아이는 아직 한글도 모르는데 어느 집 아이는 영어로 일기를 쓴다는 소문이 들린다. '모든 사교육은 부모의 불안을 먹고 자란다'는 말을 입증하듯, 불안해진 부모들의 발걸음은 영어 유치원으로 향한다. 물론 아직은 전국적으로 봤을 때 영어 유치원을 다니지 않는 아이들이 더 많지만, 그 또한 경제적인 이유가 대부분이다. 그래서 간혹 맘 카페에 올라오는 영어 유치원을 보내야 할지 고민하는 글에는 주로 이런 댓글이 달린다. "돈만 있으면 보내세요."

영어 유치원은 정말 돈만 있다면, 무조건 보내야 하는 곳일까? 개인적으로 나는 영어 유치원 자체를 반대하지는 않는다. 영어 유치원 자체에 대한 비판적인 입장도 많은 것을 알고 있다. 하지만 날이 갈수록 영어의 중요성이 커지는 만큼, 나를 포함한 많은 부모들이 영어 교육에 열을 올리는 것은 당연하다고 생각한다. 나 또한 우리 아이가 영어를 읽고 쓸 줄만 아는 엄마나 아빠와는 달리, 영어를 편안하게 듣고 이해하고 나아가 영어로 자유롭게 본인의 의사를 표현할 줄 알았으면 좋겠다는 것이 솔직한 마음이다.

다만 조건이 있다. 영어'를' 혹은 영어'만' 배우지는 않았으면 좋겠다. 적어도 영어 유치원이라는 기관이 유치원이라는 이름을 걸고 유아기의 아이들을 대상으로 하는 곳이라면, 영어를 배우는 곳이 아니라 '영어로 배우는 곳'이어야 한다고 생각한다. 즉 영어라는 언어를 통해 유아기에 배워야 할 것들을 배우는 곳이어야 한다.

하지만 현실은 많은 영어 유치원이 '영어를 배우는 곳', 심지어는

'영어만 배우는 곳'이 되어버렸다. 물론 영어 유치원이 이렇게 된 것은 당연히 소비자인 학부모들의 요구를 반영한 결과이기도 하다. 이왕 많은 돈을 들여 영어 유치원을 보내야 한다면, 아웃풋이 좋아야 한다는 부모들이 많기 때문이다. 같은 시간과 비용으로 더 많이, 더 빨리 영어를 배웠으면 좋겠다는 생각, 이러한 생각들이 결국에는 영어 교육에 과정은 사라지고 결과만 남게 만들었다. 어떠한 과정으로 교육하고 어떠한 과정으로 학습하는지는 중요하지 않다.

영어 유치원의 결과 중심의 학습 방법 중 대표적인 것이 바로 '상벌제'이다. 흔히 스티커 제도라고 알려진 이 제도는, 효율적인 학습이나 관리를 가능하게 하지만 결코 교육적인 방법이 아니다. 그래서 이미 오래전부터 교육학계에서는 상벌제를 멀리할 것을 당부하고 있다. 물론 일반 유치원이나 초등학교에서도 상벌제를 사용하는 곳이 있지만 소수인 것에 비해, 영어 유치원의 경우 거의 대부분이 상벌제를 사용한다. 그나마 스티커나 보상을 주는 것에 그치면 나은 편이다. 아동에 대한 교육적 이해가 없는 많은 영어 유치원에서는 붙어 있는 스티커를 떼어버리는 행위까지 더한다.

예를 들어 많은 영어 유치원에서는 'No Korean', 한국어 사용을 일체 금지하는 환경을 조성한다. 그러고는 한국어를 사용한 아이에게는 주의를 주거나, 스티커를 떼는 방법을 활용한다. 모국어를 쓸 수 없는 환경 자체도 스트레스이지만, 이런 스티커 제도는 아이들을 더욱 힘들게 한다. 하지만 영어만 쓸 수밖에 없도록 만든 환경은, 아이들의 영어 실력을 급속도로 성장시키기 때문에 모두가 묵인한다. 뿐만 아니라 상벌 제도는 아이들을 효율적으로 통제하고 관리하기에도 좋다. 교실을 돌아다니거나 시끄럽게 하면 스티커를 주지 않거나 떼어버린다. 아이들은 금세 얌전해진다.

이렇듯 영어 유치원은 영어 실력의 향상에만 초점을 맞춘다. 따라서 유아기는 인지, 정서, 신체 발달이 고루 이루어져야 하는 시기임에도 불구하고, 많은 영어 유치원에서 정서 발달과 신체 발달을 기대하기는 힘들다. 심지어 인지 발달조차 창의력이나 사고력보다는 '영어를 읽고 쓰는 능력'에만 한정되어 발달시킨다. 실제로 일반 유치원을 보내다 영어 유치원으로 옮긴 학부모의 이야기를 들어보면, 교사가 학생을 바라보는 시선부터 차이가 난다고 한다. 일반 유치원을 다닐 때에는 선생님과 상담을 하면 아이의 인성이나 습관이나 태도 등에 대한 이야기를 주로 했지만, 영어 유치원 선생님은 늘 아이의 영어 성적과 관련된 이야기만 한다.

그런데 여기서 짚고 넘어가야 할 것은, 과연 영어 실력의 향상이 아이들이 마땅히 그 시기에 배우고 누려야 할 것들을 포기해야 할 만큼 가치 있는가이다. 또한 그로 이내 일어나는 많은 문제점들을 외면할 만큼 의미 있는가이다.

얻는 것이 있으면 잃는 것이 있는 법이다. 한정된 시간에 영어 실력이 급속도로 성장한다는 것은 결국 영어 이외의 다른 부분의 발달이 지연되거나 안 되고 있음을 의미한다. 나는 영어도 중요하지만, 유아기는 영어 능력 이외에도 중요한 것들이 많다고 생각한다. 그래서 영어 유치원을 보낸다면 적어도 '영어로 배우는 곳'을 선택하려 한다. 눈에 보이는 효과는 크지 않지만 아이들의 발달이 고루 이루어지는 곳, 학습의 결과보다는 과정이 중시되는 곳, 그런 곳으로 보내고 싶다. 그리고 만약 그런 곳이 없다면 자신 있게 영어 유치원을 보내지 않을 생각이다.

상벌제의 문제점(스티커 제도)

나는 학교에서 아이들을 가르칠 때, 단 한 번도 상벌제를 사용한 적이 없었다. 잘한 아이에게는 상을 주고, 못한 아이에게는 벌을 주는 것이 왜 문제가 되냐고 생각하는 사람이 있을 수 있다. 그러나 사실 상벌제는 아이들을 '상'이라는 외적 동기로 행동하게 만드는 제도이다. 일시적으로는 아이의 행동을 교정할 수 있으나, 결국에 상벌이 사라지게 되면 행동이 돌아오기 쉽다.

예를 들어 아이들이 교실의 쓰레기를 주우면 스티커를 준다. 그러면 많은 아이들이 스티커를 받기 위해 열심히 쓰레기를 줍는다. 그러나 갑자기 쓰레기를 주워도 스티커를 주지 않았을 때, 아이들은 과연 계속 쓰레기를 주워올 것인가. 아이들은 교실의 쓰레기를 줍는 행위가 왜 필요한지 스스로 이해하고 실천하기 보다는, 그냥 스티커 자체에만 집중하게 된다.

교육에서 정말 중요한 것은 아이들의 '내적 동기'를 심어주는 것이다. 교실의 쓰레기가 많으면 더럽고, 그러면 친구와 내가 불편하다는 것을 알게 해야 한다. 그리고 쓰레기가 없으면 교실이 깨끗해지고 모두가 기분이 좋아진다는 것을 알아야 한다. 그랬을 때 비로소 쓰레기를 줍는 것이 진정으로 의미 있는 행동이 되기 때문이다.

영어 유치원을 선택하는 Tip

· 영어 유치원의 규모를 확인한다.

반의 개수와 한 반당 인원을 파악하면 전체 규모가 가늠된다. 규모가 작은 원은 학부모의 의견이 잘 반영되고 가족적인 반면, 정확한 기준이나 원칙이 없는 경우도 있다. 규모가 큰 대형 원과 장점과 단점이 반대라고 생각하면 된다.

· 영어 유치원의 졸업 시 최종 목표를 확인한다.

아이가 7세에 졸업하면서 기대할 수 있는 바를 물어보면 유치원의 방향성 및 원장의 교육관을 확인할 수 있다. 어떤 곳은 미국 초등학생 3학년 수준의 읽기와 쓰기가 가능하게 해주겠다는 곳도 있고, 어떤 곳은 매사에 자신감 있고 자기주도적인 학생으로 기르겠다고 말하는 곳도 있다. 선택은 개인의 몫이다.

· 한 반의 교사와 학생 비율을 확인한다.

1명의 교사가 담당해야 하는 학생이 많아질수록 세심한 관리가 어려울 수 있다. 따라서 한 반의 정원과 담임과 부담임 혹은 보조교사의 수를 확인해야 한다. 간혹 원어민 한 명이 두 반을 담당하는 곳도 있으므로 정확히 물어봐야 한다.

· 담임제인지 교과목제인지 확인한다.

우리나라는 초등학교까지 담임제를 원칙으로 하는데, 그 나름의 이유가 있다. 어린아이들일수록 정해진 교사가 오랜 시간을 보며 아이의 특성을 파악하는 것이 아이의 발달에 도움이 되기 때문이다. 개인적으로는 담임제를 추천한다.

· 원어민과 한국인 담임의 포지션을 확인한다.

대부분 영어 유치원은 원어민 담임과 한국인 담임 두 명이 한 반을 맡도록 한다. 수업은 주로 누가 하는지, 한 명이 수업을 할 때 다른 한 명은 무엇을 하는지 알아본다.

· 숙제의 여부와 양을 확인한다.

숙제가 너무 많으면 아이가 영어 유치원을 다녀와서도 쉴 수 있는 시간이 거의 없다. 물론 숙제가 많은 만큼 공부하는 양이 늘어 실력은 향상된다. 하지만 아이가 너무 힘들고, 숙제를 봐줘야 하는 부모와 사이가 멀어지기 쉽다.

· 그룹 활동이나 신체 활동의 빈도를 확인한다.

특히 학습식 영어 유치원의 경우 앉아서 읽고 쓰는 활동이 대부분이 경우가 많다. 하지만 아직 유아기의 아이들은 신체를 발달시킬 수 있는 활동이나, 사회성을 기를 수 있는 단체 활동이 반드시 필요하므로 확인한다.

· 상벌제를 쓰는지 확인한다.

아이들에게 스티커나 사탕 등을 주거나 뺏으면서 행동을 교정하려는 원이 꽤 많다. 그러나 이러한 방법은 매우 비교육적인 방법으로 아이들의 성장에 부정적인 영향을 미치므로 지양하는 것이 좋다.

· 교사의 신상과 경력을 공개하는지 확인한다.

교사의 근속 연수가 짧다면 교사가 자주 바뀔 수 있다는 뜻으로 아이들에게 안정감을 주기 어렵다. 또한 영어 유치원은 원칙상 교사 자격증을 소지하지 않아도 되므로, 자격증 유무를 확인하는 것이 좋다. 특히 원어민의 경우 국적과 경력을 세심히 확인하는 것이 좋은데, 간혹 영어권이 아닌 국가에서 온 원어민이나 범죄 경력이 있는 원어민이 고용되는 경우도 발생한다.

· CCTV 설치 유무 확인한다.

아직 어린아이들이기 때문에 사고가 발생하기 쉽다. 또한 아직 의사 표현이 명확하지 않아 아이들의 말이 일관되지 않을 수 있다.

그런 경우를 대비하여 CCTV는 필수적이다.

· 원장의 상주 여부를 확인한다.

특히 개인 원의 경우 원장의 관리에 따라 교사와 교육의 질이 천차만별이다. 원장이 자주 원을 비우게 되면 교사도 해이해지고 교육 내용의 질도 낮아지기 쉽다.

제6장

압구정 사교육 열풍의 민낯

엄마들의 학원 쇼핑,
내 아이의 재능 찾기

엄마들이 이렇게까지 아이들의 교육에 열심인 이유는 사실, 아이에 대한 부모의 '기대와 희망' 때문이다. 영유아기의 부모들 중 자신의 아이가 특별하다고 생각해본 적 없는 사람이 있을까. 심지어 우리 아이가 영재는 아닌지 고민해본 사람도 많을 것이다. 실제로 그 나이의 아이들은 부모들이 착각하는 것이 당연할 만큼, 성장과 발달이 폭발적으로 이루어지는 시기이기도 하다.

물론 아이의 무한한 가능성을 생각하면 다양한 경험과 기회를 주는 것은 나쁘지만은 않다. 그러나 문제는 많은 엄마들이 아이가 관심을 갖고 흥미를 보이기도 전에 너무 많은 경험을 제공한다는 것이다. 마치 '뭐든 하나 걸려라'라는 듯.

예체능이니 괜찮겠지 생각하며 승마도 시키고, 수영, 미술, 피아노, 발레도 시킨다. 피아노를 쳐보기는커녕 피아노가 뭔지도 정확히 모르는 아이는 부모의 손에 이끌려 무작정 학원부터 다닌다.

공부에 재능이 있을 수도 있으니, 당연히 교과목 사교육도 시켜야 한다. 그래서 요즘 이 동네는 '사고력'과 '창의력'이라는 말을 붙인 국영수 과목 사교육도 성행이다. 사고력 수학, 사고력 논술, 사고력 영어까지. 그냥 수학 학원이라고 하면 왠지 영유아들에게 가혹한 느낌이니 애써 포장한다.

그래서 이 동네의 아이들은 웬만한 어른보다 바쁘다. 6, 7세만 되어도 하루에 정해진 스케줄로 가득 차서, 며칠 아프기라도 하면 기다리는 보충 수업들이 두려울 정도다. 아이들은 점차 지치고 피곤해진다. 하지만 부모님에게 차마 그만두겠다는 말을 하지 못한다. 아직 어린 영유아들에게 부모의 요구를 거절하기란 너무 어려운 일이고, 부모 또한 그 사실을 누구보다 잘 알고 있다. 결국 부모들의 '다 너를 위해서야'라는 말에 아이들은 순순히 쉴 시간과 놀 시간을 반납한다. 이런 날들이 쌓이며 지칠 대로 지친 아이들은 점차 대충하고 시간만 때우는 것들이 늘어만 간다. 이런 시간들 속에서 과연 진정한 재능을 찾을 수 있을까. 아이들의 가능성을 찾아준다는 명목으로, 부모의 욕심을 채우고 있는 것은 아닐까.

나는 적어도 영유아기의 아이들에게만큼은, 충분한 쉴 시간과 놀 시간을 주었으면 좋겠다. 우리가 살아온 날들을 되돌아보자. 인생을 통틀어 영유아기 만큼 자유로울 수 있는 시기는 없었다. 이대로라면 아이들의 기억 속에, 정말 자유로웠다고 느꼈던 시기가 아예 없을까 두렵다. 그러니 이제 그만 아이들에게 마땅히 누려야 할 놀고 쉴 수 있는 권리를 돌려주어야 한다. 숙제를 다 하면 노는 것 말고, 학원을 다녀오고 쉬는 것 말고, 그냥 좀 쉬고 놀았으면 좋겠다. 그래 봤자 고작 7세이다.

학원은 엄마의 불안을 건드리고, 엄마의 불안은 아이의 자존감을 건드린다

동네 맘 카페에 들어가면 매일같이 이런 질문들로 넘쳐난다.

―우리 아이는 5세인데 한글을 아예 못 읽어요. 괜찮나요?
―우리 아이는 5세인데 알파벳을 못 써요. 너무 늦었나요?

그리고 질문 뒤에는 언제나 친구의 아이는 벌써 글을 읽던데, 옆집 아이는 영어를 쓰던데 등의 이유가 붙는다. 결국 걱정이 가득한 엄마는 학원에 상담을 가고, 돌아오는 말은 언제나 그렇듯 "어머니, 너무 늦었어요"이다. 그렇게 학부모들은 불안한 마음이 배가 되어 돌아온다. 학원은 언제나 학부모들의 불안을 건드린다. 그래야만 학부모들의 지갑이 열리기 때문이다.

언제부터 다섯 살 아이가 한글을 읽고, 알파벳을 쓰는 것이 자연스러운 현상이 된 건지 모르겠지만, 어쨌든 주변의 말들로 엄마을의 불안은 극에 달한다. 그렇게 결국 아이는 엄마의 손에 이끌려 학원에 간다. 아이가 학원에 가는 이유는 아이의 학습이 정말 늦어서일까, 부모의 불안을 해소하기 위해서일까? 나는 대부분은 후자라고 생각한다. 하지만 중요한 것은 아이가 학원을 가도 부모의 불안은 완전히 해소되지 않는다는 것이다. 왜냐하면 부모가 불안한 근본적인 이유는, 바로 '남들보다 잘해야 한다는 생각'이기 때문이다.

학원을 가도 내 아이는 누군가의 아이보다 못할 수 있다. 그러면 부모는 또다시 불안하다. 그리고 부모의 이런 불안감은 아이의 자존감을 떨어뜨리는 결정적인 이유가 된다. 아이들은 부모가 말하지 않아도, 사소한 말투, 눈빛, 손짓에서 부모의 생각과 감정을 느낀다. 또한 아이들은 자신이 중요하게 생각하는 사람의 생각을 사실로 받아들이는 경향이 있어서, 아무렇지 않던 아이도 부모가 불안해하면 같이 불안해진다. 내가 가장 사랑하는 사람이 나를 불안해하고, 그런 불안이 아이에게 전해지면 아이들의 자존감이 떨어지는 것은 당연하다.

지인의 아이가 영어 유치원을 다니며 계속되는 테스트에서 낮은 점수를 받았다. 엄마는 주변 아이들의 성적을 보며 점점 불안해졌고, 아이는 분명 느꼈을 것이다. 언젠가부터 아이는 영어를 할 때면 이렇게 묻는다고 했다. "엄마 나 못하지?" 영어 유치원을 다니기 전에는 늘 자신감에 차서 "나 잘하지?"를 연발하던 아이였다.

아이들은 저마다의 속도에 맞게 성장한다. 그리고 각자의 때가 되면 자연스레 하게 되는 것들이 있다. 누구는 말을 빨리 했지만 걸음마가 늦을 수도 있고, 누구는 한글은 빨리 읽었지만 덧셈은 늦을 수도 있다. 주변을 둘러보아도 사람은 이렇게 저마다 다양한데, 모든 아이가 같은 시기에 같은 능력을 발휘하는 것이 더 이상한 일이 아닌가. 그러니 엄마는 아이의 속도에 맞추어, 옆에서 도와주고 응원하는 역할만 하면 되는 것이다.

그러려면 내 아이에 대한 믿음이 필요하다. 부모가 아이를 믿어주지 않으면, 세상에 누가 그 아이를 믿어줄 수 있을까. 물론 이곳저곳에서 밀려오는 불안감을 떨쳐내고 아이에 대한 믿음을 유지하는 일은 결코 쉽지 않다. 그러나 주변과 비교하지 않고 아이를 믿어주는 부모의 마음만이 아이의 자존감을 높일 수 있다.

얼마 전까지 첫째가 가위질을 잘 못했다. 우리 아이는 어려서부터 소근육의 발달이 느린 편이었다. 그런데 최근에 가위질을 자유자재로하기 시작했다. 그동안 내가 아무렇지 않았다고 하면 거짓말일 것이다. 하지만 나는 아이를 믿어주기로 했다. 그리고 꽤 오랜 기간을 아이 옆에서 함께 가위질을 하며 이렇게 말했었다. "이렇게 즐겁게 하다 보면 너도 엄마처럼 곧 잘하게 될 거야. 너는 할 수 있어." 아이들은 부모의 믿음을 쉽게 저버리지 않는다.

창의력을 길러준다는
체험 수업의 허점에 대하여

사교육에도 트렌드가 있다. 국영수나 예체능이 이미 오래전부터 시켜왔던 사교육이라면, 요즘은 창의력을 키워준다는 체험 수업들이 유행이다. 농촌 체험, 숲 체험, 미술 체험 등 종류도 다양하다. 그래서 이 동네 엄마들도 시간만 나면 아이들을 데리고 여기저기로 체험 수업을 하러 다닌다. 전국 방방곡곡에 숨은 체험 수업을 찾아내는 열정도, 예약이 그렇게나 힘들다던데 매번 예약에 성공하는 열정도, 모두 대단하다.

물론 아이들에게 새롭고 다양한 것들을 경험하게 해주려는 취지는 좋다. 하지만 실망스럽게도 요즘 유행하는 대부분의 '체험 학습'들은 사실상 아이들의 창의성까지 발달시킨다고 보기에는 무리가 있어 보인다. 왜냐하면 창의성이란 아이가 놀이의 '생산자'가 될 때 발달할 수 있는 것이기 때문이다. 하지만 이름만 거창할 뿐, 체험 학습에서 아이는 여전히 놀이의 '소비자'일 뿐이다.

어떤 체험 수업을 가던, 대부분은 이미 수업의 처음과 끝, 그리고 과정까지 모두 정해져 있다. 물론 평소에 경험할 수 없었던 새로운 내용이니, 아이들은 흥미와 관심이 생길 수 있다. 그러나 내용이 새로울 뿐, 결국 체험하는 과정은 어른들이 열심히 짜놓은 단계대로 성실히 밟으며 따라가야 한다. 결국 아이들은 어른들이 만들어 놓은 놀이를 그대로 따라하는 '소비자'가 된다.

체험 수업이 하도 유행이기에, 나도 아이를 미술 체험 수업에 데려간 적이 있다. 자동차를 물감으로 색칠하고, 그 뒤에는 바닥에 굴려서 자동차 길을 만들고, 색깔 거품으로 자동차를 깨끗이 씻어주는 일련의 과정이 담긴 체험이었다. 그리고 나는 그곳에서 선생님의 지시에 따라 놀이하고 싶어 하지 않는 아이들이 대부분인 것을 보았다. 어떤 아이는 자동차를 색칠하지 않고 그냥 가지고 놀고 싶어 했고, 또 어떤 아이는 붓으로 길을 만들고 싶어 했다. 심지어 자동차를 가지고 놀기조차 싫어하는 아이도 있었다.

그때 나는 이런 생각이 들었다. 왜 모든 아이들이 어른들이 계획한 순서와 방법에 맞게 놀이해야 하는가? 스스로 생각해낸 저마다의 각기 다른 놀이 방법이야 말로 우리가 알고 있는 창의적 놀이 아닌가? 그러나 꽤 많은 돈을 내고 '수업'에 참여한 만큼, 대부분의 아이들은 저마다의 놀이는 포기한 채, 그날의 체험에 참여해야만 했다.

창의성은 '무엇'이 아니라 '어떻게'의 문제이다. 즉, 아무리 새롭고 다양한 내용을 접해도, 어른들이 계획한 방법 그대로 따라가야 한다면, 그것은 새로운 내용의 습득 그 이상이 될 수 없다. 반면에 이미 알고 있는 것도 스스로 생각하고 계획하여 새로운 방법으로 놀이한다면 그것은 '창의성'의 발현이라고 볼 수 있다. 여기서 중요한 것은 '스스로 생각하고 계획하여 놀이하는 것'이다. 즉, 앞서 말한 놀이의 생산자가 되는 것이다.

그래서 누군가는 아이들은 심심해야 뇌가 발달한다고도 말한다. 심심함이 극에 달해 몸을 배배 꼴 때, 비로소 아이들은 스스로 놀이를 만든다. 아침부터 저녁까지, 평일부터 주말까지, 이토록 빈틈없는 스케줄이 아이에게 결코 창의력을 가져다줄 수 없는 이유이다.

그래서 나는 시간이 날 때면, 아이와 함께 아무것도 계획되지 않은 채로 밖에 나간다. 아이의 발길이 닿는 대로, 아이의 손길이 뻗치는 대로, 그렇게 가다 보면 아이는 재밌는 무엇인가를 스스로 찾아내고야 만다. 불쑥 가을이 찾아온 것만 같은 날씨에, 아이와 함께 밖으로 나섰다. 색이 바뀐 나뭇잎을 보며 계절의 변화에 대해 이야기하는데, 아이가 나뭇잎 몇 장을 가져가고 싶다고 말했다. 이유를 물으니 본인의 스케치북에 울긋불긋한 나뭇잎을 붙여 집에서도 가을을 느끼고 싶다는 것이다. 나뭇잎을 한참 모아 집에 들어갔다. 아이는 스케치북을 가져와 나무를 그려달라고 했고, 아이는 나뭇잎을 붙였다. 그러고는 한참을 뿌듯하게 바라보았다.

나는 이 모든 과정이야말로 진정한 창의성의 발현되는 과정이라고 생각한다. 자유롭게 생각하고, 스스로 계획하여 놀이하는 것. 그리고 이때 부모는 그저 옆에서, 가만히 기다려주면 된다. 묵묵히 옆에서 기다려주며 때로는 응원해주는 것으로 부모의 역할은 다한 것이다.

그러니 이제 그만 게으른 부모가 되어보자. 그리고 아이를 심심하게 만들어줄 용기를 내어보자. 아이들의 창의력은 거기서부터 출발한다.

압구정의 평범한 7세 아이의 시간표

	월	화	수	목	금	주말
9:00~15:00	영어 유치원					체험 학습 & 사교육
15:30~16:30	미술	피아노	스케이트	리듬체조	논술	
17:00~18:00	영어 유치원 숙제					
18:00~19:00	저녁 식사					
19:00~20:00	영어 유치원 숙제					

당신의 아이가 학원에선 고1 수학을 배워도, 5학년 학교 시험은 100점을 못 맞는 이유

요즘 수학 1년 선행은 선행이 아니라 예습이라는 말이 있다. 그만큼 이 동네에서 수학 과목의 선행은 일반적이고 필수적이다. 초등학교 4학년이면 중학교 수학을 배우고, 초등학교 6학년에는 고등학교 수학을 시작해야 한다. 그렇지 않으면 학원에 가서 여지없이 또 이런 소릴 듣는다. "어머니, 너무 늦으셨어요."

물론 이 동네는 수학뿐 아니라 모든 과목을 선행한다. 그러나 유독 수학 과목의 선행이 문제가 되는 이유는, 수학은 '기초'가 가장 중요한 과목이기 때문이다. 수학의 기초라고 하면 벌써부터 뻔한 이야기라고 생각하는 사람들이 있을 것이다. 그러나 과목의 특성상 어쩔 수 없는 사실이다. 다른 과목과 비교해서 이야기하면 이해가 더욱 수월하다. 예를 들어 수학은 배수와 약수의 개념을 모른 채, 최소 공배수나 최대 공약수의 개념을 이해하는 것은 애초에 불가능하다. 반면에 사회 과목은, 한국의 지리를 알아도 한국의 민주주의는 모를 수 있다. 이것이 수학이 사회나 국어, 영어와 같은 다른 과목들과 다른 차이점이다.

그리고 이것을 '나선형 교육 과정'이라고 한다. 처음에는 쉬운 내용을 배우지만, 점차 처음의 내용이 확장되고 심화되면서 어려워진다. 따라서 당연히 처음 배운 내용을 정확하게 이해하지 못하면, 이후에 배우는 내용도 이해하기 어렵다. 높고 견고한 탑을 쌓기 위해서는 밑에서부터 튼튼하게 쌓아올려야 하는 것과 같은 이치다. 그럼에도 불구하고 이 동네의 많은 아이들이 기초를 탄탄히 다지지 못한 채 계속해서 새로운 내용을 배운다. 그러나 진도 빼기에 급급한 학원들은 모든 아이들을 끌고 갈 수 없다.

실제로 강남 지역에서 5학년 담임을 할 때, 아주 소수를 제외하고는 모두 수학 과목 선행을 하고 있었다. 수학을 잘한다는 몇몇 아이들은 이미 고1 수학을 하고 있었고, 대부분의 아이들은 중학교 수학을 하고 있었다. 그러나 선행 진도가 실력은 아니다. 오히려 나는 다년간의 경험을 비추어보았을 때, 과도한 선행 학습은 결코 아이들의 학습에 '득'이 아니라 '독'이 된다고 생각했다. 그래서 학부모 상담 때도, 아이들과의 상담 때도, 과도한 선행을 자제할 것을 당부했다. 그리고 선행보다는 복습에 중점을 두라고 조언했었다.

그리고 대망의 첫 번째 수학 시험의 결과가 나왔다. 선행 진도가 결코 실력이 될 수 없음을 입증이라도 하듯, 30명이 넘는 아이들

중 100점은 단 2명뿐이었다. 90점 이상인 학생도 과반을 넘지 못했다. 대부분이 중학교 수학을 공부하지만, 초등학교 5학년 수학 시험에서 100점을 맞는 학생은 드물었다. 나는 수업 시간 중에도 종종 아이들이 원리를 이해하고 있는지 확인하기 위해 질문을 했지만, 대부분은 대답하지 못했다. 그러나 아이들은 크게 괘념치 않아 보였다. 공식을 외워 문제를 풀면 그만이라 생각했다. 그러고는 쉬는 시간이면 중학교, 고등학교 수학 문제집을 책상에 올려놓고 풀기 바빴다. 아이들을 지켜보는 나는 답답할 노릇이었다.

과도한 수학 선행이 가져오는 더 큰 문제는, 아이들이 수학 자체에 대한 흥미와 관심을 잃게 된다는 것이다. 초등학교 시기는 피아제의 '구체적 조작기'[7]에 해당하는 나이로, 아직 구체적인 사물과 직접적인 행위가 있어야 개념을 이해할 수 있다. 그래서 수학 교과서에서도 모든 개념을 시작할 때, 가능한 구체적인 조작 활동을 통해 개념을 이해하도록 하고 있다. 그러나 과도한 선행을 하게 되면, 아이들은 빠르게 진도를 나가기 위해 주로 공식을 외우고 반복해서 문제를 푼다. 아이들의 사고 수준에 맞게 배우지 못하니 정확히 이해하지 못하고, 이해하지 못한 채 계속해서 공부

---

[7] 피아제는 아동의 인지 발달 단계를 4단계로 구분했다. 감각 운동기(0~2세)—전 조작기(2~7세)—구체적 조작기(7~11세)—형식적 조작기(12세 이후)이다. '구체적 조작기'의 아이들은 눈에 보이며, 조작하고 만질 수 있는 것에 대한 이해는 쉽게 할 수 있는 반면, 보이지 않고 만질 수 없는 것은 쉽게 이해할 수 없다.

하니 수학이 점차 어렵게만 느껴지는 것은 당연하다. 그런데 또 어린아이들의 입장에서는 학원에서 한번 배운 것이니, 학교에서 배우는 수학은 왠지 시시하고 지루하게 느껴진다. 그나마 원리를 배울 수 있는 학교 수업조차 집중하지 못한다. 악순환이다.

과도한 선행으로 수학의 기초도 다지지 못하고, 흥미도 잃는다면 이보다 비효율적인 학습은 없다고 생각한다. 그러니 수학에서 선행 진도가 진정한 실력이 되려면, 천천히 그리고 단단하게 기초를 다져야 한다.

미국에선 학교를 잘 다니던 아이가
한국 영어 학원에 오면 벼락 바보가 되는 이유

강남에는 조기 유학을 가는 아이들이 많다. 어린 나이에 유학을 가는 이유는, 어려서 영어권 국가에서 살다 오면 영어를 잘하게 될 것이라는 기대 때문이다. 물론 영어 실력의 향상 이외에도 대입에서 '재외 국민 특별 전형[8]'을 염두에 두고 떠나는 경우도 종종 있다. 그리고 이렇게 어렸을 적에 해외로 유학을 떠났다가 한국에 다시 돌아온 아이들을 '리터니(Returnee)'라고 한다.

상식적으로 생각했을 때, 영어권 국가에서 살다 온 '리터니'는 적어도 영어만큼은 비슷한 나이 또래의 한국의 아이들보다 잘해야 한다. 그런데 아이러니하게도 외국에서는 아무 문제없이 학교 생활을 잘하던 아이가, 한국 영어 학원에 오면 별안간 바보(벼락

---

8 외국에서 3년 혹은 12년 이상 체류했다가 귀국한 아이들을 위해 마련한 대입 전형. 정원 외로 선발할 수 있어 대학교에서는 수익을 위해 적극 유치하는 편이다.

바보)가 되어버린다. 분명 외국에서는 같은 반 또래 친구들과 의사소통에도 전혀 문제가 없을 정도였던 영어 실력이, 한국의 영어 유치원에 오니 형편없는 실력이 되어버리는 것이다. 아이러니한 일이다.

한 리터니 엄마에 의하면, 한국에 돌아온 후 영어 학원에서 본 레벨 테스트의 결과가 처참했다고 한다. 초등학교 2학년이던 아이는 에세이를 빵점 맞아, 들어갈 영어 학원이 없었다. 스스로 영어를 잘한다며 자신감에 가득 찼던 아이는 한국에 와서 말수가 줄었다. 어떻게 이런 일이 가능할까? 이유는 강남의 영어 학원이 영어권 국가보다도 더 빠른 진도로 영어를 가르치기 때문이다. 심지어 국제 학교에서 매일 영어로 수업을 들으며 배우는 것보다, 영어 학원에서 고작 2, 3시간 수업하는 진도가 더 빠를 정도이다. 아이가 에세이를 빵점 맞은 이유도, 미국의 1학년은 에세이를 위한 라이팅을 배우지 않기 때문이었다. 아이들은 지금 모국어도 아닌 외국어를, 그 언어를 모국어로 쓰는 나라보다 빠르게 배우고 있다.

이제는 영어를 배우는 근본적인 목적이 무엇인지 생각할 때다. 압구정의 많은 학부모들이 영어는 21세기 사회의 주요 의사소통의 수단이기 때문에 영어를 배워야 한다고 말한다. 영어를 학습이 아닌 하나의 언어로 접하게 해주고 싶다는 것이다. 그러나 실상은 하루 종일 앉아서 읽고 쓰기를 하며 미국의 아이들보다 영어를 더 빨리, 더 많이 '학습'하고 있다. 학습으로 배우지 않길 바란다며, 누구보다 열심히 '공부'시키는 것은 무슨 경우인가. 혹은 그 것이 아니라 입시의 목적으로 영어를 배우는 것이라면, 더더욱 이렇게 어려서부터 열을 올리지 않아도 된다는 것을 누구나 알 것이다. 그러니 이제는 그만 속도를 늦출 때다.

제7장

압구정의 가정 교육

압구정에는 화목한 가족들이 많다

압구정에는 화목해 '보이는' 가족들이 많다. 내가 화목하다고 표현하지 않고 화목해 보인다고 표현한 이유는, 내가 그들의 세세한 속사정까지 알 길이 없기 때문이다. 그러나 분명한 것은 내가 아는 한, 이 동네에는 화목한 가족이 훨씬 더 많다.

그러나 드라마나 영화 속에서 부자들은 불행하게 그려진다. 재산 분할로 다투는 형제, 어린 여자와 바람이 난 남편, 시집살이 시키는 시어머니 등 부자들은 도저히 행복할 수 없을 것만 같다. 그러나 내가 옆에서 직접 본 부자들은 누구보다 가족을 사랑하고 서로를 위한다. 돈이 화목하고 행복한 가정을 보장해주는 것이냐고 묻는다면, 그렇지는 않다. 그러나 적어도 돈이 가정의 불화를 가져오는 것들을 피할 수 있게 해주는 것은 확실하다.

가정을 이루고 살다 보면 힘들고 다툴 일이 너무나도 많지만, 그중의 반 이상은 '돈' 때문에 생긴다. 돈이 많으면 시댁이나 처가에

용돈을 얼마 드릴지로 싸울 일도 없고, 성적이 떨어진 아이의 학원을 하나 더 보낼지 말지로 싸울 일도 없다. 매년 오르는 물가와 그렇지 못한 월급으로 생활비를 걱정할 일도 없다. 그러니 부자들은 적어도 '돈' 때문에 벌어지는 다툼은 피할 수 있다. 돌이켜보면 어린 시절 나의 부모님이 싸우셨던 이유도 결국은 '돈' 때문이었던 것 같다.

이효리가 한 예능 프로그램이 나와, 자신과 이상순과의 결혼 생활을 부러워하는 사람들에게 말했다. "돈이 많으면 누구나 사이좋게 지낼 수 있어요." 본인들은 돈이 많으니 하고 싶은 것을 다 하며 평화롭게 살 수 있다고 했다. 그러나 대부분의 사람들은 그렇지 않다. 하루 종일 회사에서 시달리고 집에 돌아오면 이미 체력도 정신력도 고갈된 상태다. 거기다 아이까지 있다면 자기 전까지 집안일과 육아로 마음 놓고 쉴 수조차 없다. 이러니 서로에게 예쁘고 고운 말이 나가기란 쉽지 않다.

내가 아는 어떤 부자 부부는 아이를 둘이나 낳아도 크게 싸울 일이 없다고 했다. 왜냐하면 아이 한 명당 담당하는 시터가 한 명씩 있기 때문이었다. 물론 청소 도우미도 따로 있다. 이렇게 되면 누구도 육아나 집안일을 억지로 할 필요가 없다. 각자 하고 싶은 만큼, 하고 싶은 일을 하면 그만이다. 게다가 연애 때처럼 단둘이 여유 있게 보낼 수 있는 로맨틱한 시간도 충분하다. 그러나 현실의 수많은 엄마, 아빠는 싸우고 나서도 마주 보고 앉아 대화를 하고 화해할 시간마저 부족하다.

내가 그랬다. 나는 아이를 낳기 전까지 남편과 제대로 된 싸움 한 번 한 적이 없었다. 그러나 아이를 낳고 나니, 그랬던 우리도 싸울 일이 생겼다. 하루 종일 힘들게 일을 하고 온 남편과 하루 종일 집안일과 육아로 지친 나는, 아무것도 아닌 일에도 서로에게 쉽게 화를 내게 되었다. 아이가 밤새 울어 잠이라도 못 잔 날이면, 예민해진 우리는 서로에게 날 선 말들을 내뱉었다.

나는 갑자기 두려웠다. 무엇보다 서로를 향한 날선 태도와 긴장 가득한 분위기가 아이에게 전해질까 무서웠다. 불현듯 어린 시절 부모님이 싸우는 모습을 보는 것이 너무도 힘들었던 기억이 떠올랐다. 그래서 나는 청소 도우미를 쓰기로 결심했다. 돈을 써서 혹여나 발생할 수 있는 갈등의 씨앗을 없애기로 한 것이다. 청소를 해줄 사람이 있다는 것만으로 우리 부부에게는 생각보다 큰 여유가 생겼다. 물론 전혀 싸우지 않게 된 것은 아니지만, 확실히 마음의 여유가 생기면서 싸움의 빈도도 줄어들었다. 돈은 정말로 가족 간의 불화를 피하게 해주었다.

내가 화목한 가족 분위기를 중요시하는 이유는, 그것이 곧 아이들의 가정 교육으로 이어진다고 생각하기 때문이다. 화목한 분위기에서 자란 아이들은 자라서도 온화한 성품을 갖기 쉽다. 또한 매사에 자신감 있고 긍정적인 태도를 보인다. 반면 불화가 있는 가정에서 자란 아이들은 불안감이 높고 자신감이 결여되기 쉽다.

남편은 주변 사람 모두가 인정하는 온화한 성품의 소유자다. 애초에 마음속에 화가 없는 것처럼 느껴질 정도인데, 결혼을 하고서야 그 이유를 알게 되었다. 남편은 부유하고 화목한 가정에서 자란 사람이었다. 살면서 부모님이 싸우는 모습을 본 게 손에 꼽는다고 했다. 아버님은 지금도 사람들 앞에서 어머님을 공주님이라고 부를 정도로 부부 간의 사이가 좋다. 남편은 애초에 성격이 나빠질 이유가 없는 환경에서 자란 것이다.

나는 화목한 가족에 대한 교과서적이지 않은, 현실적인 결론을 내렸다. '돈'은 많을수록, '화'는 적을수록 화목한 가족이 되기 쉽다.

나뿐만 아니라 모든 부모들은 본인의 자녀가 온화하면서도 자신감 있는 성격의 소유자가 되길 바랄 것이다. 그렇다면 가족을 위해서 돈을 열심히 버는 것 또한 그 노력의 하나가 될 수 있다(다시 한번 말하지만 돈이 많다고 무조건 화목한 것은 아니다). 분명 돈은 화목한 가족이 되기 '쉽게' 하므로. 그래서 나와 남편은 오늘도 열심히 일을 한다.

압구정의 아이들은 순하다

 돈 많은 집 아이들은 왠지 싹수가 없을 것 같다. 나도 이 동네에 들어오기 전에는 막연히 그런 생각을 갖고 있었다. 아마 TV에서 보여주는 돈 많은 집 자식들의 왜곡된 이미지 때문인 듯하다. 그런데 실제로 겪어보니 오히려 돈 많은 집 아이들은 순하다. 심지어 예의까지 바르다(물론 대부분의 아이들이 그렇다는 것이지 모두가 그렇다는 것은 아니다). 내가 살고 있는 압구정에서 만난 아이들, 내가 가르쳤던 대치동 근방의 학교의 아이들이 실제로 그랬다.

 이 동네 아이들은 왜 순할까? 좀 더 직설적으로 말해서, 왜 여유 있는 집 아이들은 순할까? 이 질문에 대한 첫 번째 대답은, 아마 많은 엄마들이 강남에서 아이를 키우고 싶어 하는 이유와 일맥상통할 것이다. 바로 여유 있는 집 아이들은 부모의 세심한 보살핌을 받을 수 있기 때문이다. 경제적으로 여유가 있는 이 근방의 엄마들은 전업주부인 경우가 많다. 그래서 엄마는 아이들에게 많은 시간과 정성을 쏟을 수 있다. 간혹 맞벌이인 경우에도 대부분 시터를 고용해서 아이가 성인의 충분한 보살핌을 받을 수 있게 한다.

아이를 전담으로 돌봐주는 성인(주 양육자)이 있다는 것은 생각보다 큰 의미를 갖는다. 아이들은 꽤 오랜 기간, 많은 순간, 성인의 보살핌이 필요하기 때문이다. 우리 아이들만 봐도, 하나부터 열까지 아이에게 나의 손길이 닿지 않은 곳이 없다. 심지어 아이들은 손끝만 봐도 얼마나 부모의 보살핌을 받고 있는지 알 수 있다고도 한다. 이렇게 사소한 부분에서부터 성인의 손길이 필요하다 보니, 인성 교육이나 교우 관계, 학습 습관과 같이 중요한 부분은 성인의 관심 정도에 따라 더욱 큰 차이가 날 수 밖에 없다.

실제로 상대적으로 경제적인 여유가 없고, 맞벌이 비율이 높은 지역에서 근무하는 초등 교사 친구들은 종종 이렇게 말한다. "아이들에 대한 부모의 관심과 보살핌이 너무 부족하다." 준비물을 안 챙겨 오거나 숙제를 해 오지 않는 것은 기본이라고 했다. 겨우 초등학생이지만 벌써 학교 폭력을 비롯해 가출, 절도 등의 다양한 큰 사건까지 심심치 않게 발생한다. 해당 지역의 고학년 담임 교사는 꽤 자주 PC방으로 가출한 아이들을 찾으러 다니기도 한다고 들었다. 본인의 사회생활만으로도 충분히 바쁘고 힘든 부모들은, 아이들의 상황을 세심하게 인지하고 보살필 여력이 없다. 결국 아이들은 위험하거나 불건전한 상황에 쉽게 빠지게 된다.

반면 이 동네의 아이들은 오히려 과도할 정도의 관심과 보살핌을 받는다. 일례로 나는 5학년까지 콜라를 한 번도 안 먹어본 아이도 봤다. 먹고 마시는 것부터 친구를 사귀고, 학원을 가고, 숙제를 하는 것까지 모두 부모의 보살핌을 받게 된다. 그래서 이곳의 아이들은 설사 탈선을 하고 싶어도 좀처럼 탈선할 기회가 생기지 않는다. 아이들은 부모의 바람대로 열심히 공부하고 선생님 말씀에 귀 기울이며 성실하게 학교를 다닌다. 선배 교사들은 내가 근무했던 강남 학군지의 초등학교 아이들을 보고 '그림 같다'고 말할 정도였다. 경력 10년 이상의 선배 교사들은 다양한 지역에서, 다양한 아이들을 가르쳐본 경험이 있기 때문에, 이곳의 아이들이 얼마나 순한 것인지 더욱 잘 아는 것 같았다.

사실 대부분의 부모들이 '어쩔 수 없는 이유'로 아이에게 많은 시간과 정성을 쏟을 수 없다는 것을 안다. 그러나 결국 그것은 부모의 사정일 뿐, 아이들은 부모가 얼마나 많은 관심을 기울이고 보살피는지에 따라 다르게 성장하는 것이 어쩔 수 없는 현실이다.

아이들이 순한 두 번째 이유는 경제적인 여유에서 비롯된다. "잘사는 사람들은 구김살이 없다"라는 말처럼 이곳의 아이들은 순하고 순수하다. 아이들은 언제나 모든 것이 충분하다. 그러니 무엇인가를 갖기 위해 힘들여 싸울 필요가 없고 남의 것을 욕심낼 필요도 없다. 오히려 내가 가진 것을 주변에 나눠 주는 경험이 더 흔하다. 또한 혹여나 남들 때문에 손해를 보는 일이 생겨도, 여유가 있으니 이해하고 넘어갈 수 있는 배려심도 있다.

실제로 동네 놀이터에 나가보면 아이들은 서로 이것저것 나눠 주기 바쁘다. 하다못해 과자를 사도 여러 개를 사서 주변의 친구를 나눠 준다. 친구 집에 놀러가는 아이의 손에는 엄마가 챙겨준 장난감 선물이나 작은 간식이라도 들려 있다. 드라마 〈나의 아저씨〉에서 이런 대사가 나온다. "돈 있는 사람은 좋은 사람이 되기 쉽다." 실제로 경제적인 여유는 노력하지 않아도 자연스레 친절하고 베풀 줄 아는 사람을 만들어준다.

나와 남편만 보아도, 집안의 경제적 차이가 지금의 성격을 형성하는 데 큰 영향을 미쳤다는 것을 알 수 있다. 평범한 집에서 나고 자란 나는 남에게 베풀거나 나누는 것에 익숙하지 않다. 누군가에게 자주 베풀 만큼 여유 있지 않았기 때문이다. 내 것을 챙기기 바빴고 남들을 돌아볼 여유가 부족했다. 반면 남편은 남에게 베풀고 나누는 것이 너무나 익숙하다. 어려서부터 욕심내지 않아도 원하는 것들은 이미 있었고, 오히려 충분해서 남들에게 베풀 수 있는 환경에서 자랐다고 했다. 그래서 지금도 여전히 남편은 주변 사람들에게 여유 있고 친절한 사람이다.

순한 아이들은 자라서 대부분 친절한 어른이 된다. 그래서 사실 사람들이 갖는 고정 관념과 달리, 이 동네 대부분의 어른들도 주변 사람들에게 친절하다. 오히려 오래전 이슈화된 '압구정 아파트 경비원 갑질 사건'은 극히 드문 사례이다. 나는 이 동네에서 4년 가까이 살면서 경비원이나 택배 기사에게 불친절하게 대하는 사람들을 직접 본 적은 없다. 최근 세상의 모든 직업을 인터뷰하는 유튜브 채널에서, 청담동 지역에서 6년째 일하는 택배 기사를 인터뷰해서 화제가 되었다. 그 택배 기사는 오히려 이 지역의 사람들이 친절해서 누구나 선호하는 지역이라고 말한다.

부모의 세심한 보살핌과 경제적인 여유 덕에 이 동네의 아이들은 대부분 순한 기질을 갖는다. 그래서 학교 폭력이나 청소년 비행도 드물다. 그리고 바로 이러한 점이 이곳, 강남에서 아이를 키우는 것의 가장 큰 장점이라고 생각한다. 공부를 열심히 하는 아이들이 많아서 학업 분위기가 좋다거나 상위권 대학 진학률이 높다는 등의 것들은 나중의 문제이다. 안정적이고 여유 있는 분위기 속에서 아이가 성장할 수 있는 것, 이것이 내가 생각하는 이 동네의 강점이다. 그리고 이것이 요즘 한국에서 아이를 키울 때 '학군'을 중요시하는 대표적인 이유이다.

순한 것과 순응적인 것은
한 끗 차이다

경제적으로 여유 있는 환경에서 부모의 세심한 보살핌으로 자란 이 동네의 아이들은 대부분 순하다. 그런데 종종 과한 보살핌이 너무 순응적인 아이를 만들기도 한다. 대학교에 전화해서 자식의 과제를 물어보고, 회사에 취직한 자식을 잘 봐달라고 상사에게 전화를 할 법한 부모가 실제 존재한다.

이곳의 아이들은 어려서부터 부모가 짜놓은 계획대로 성장하는 경우가 많다. 고작 4, 5살 아이들의 엄마들은 아이들의 초등학교, 중학교, 심지어는 고등학교 입학까지 계획해놓는다. 어떤 유치원에 보내서 어떤 초등학교에 입학시키고, 또 언제 유학을 보내서 어떤 대학을 보낼지 생각한다. 물론 거기에 아이들의 의사나 의견이 들어갈 자리는 없다.

적어도 내가 클 적에는, 스스로 선택할 수 있는 것들이 꽤 있었다. 나는 9살엔가 처음 학원을 다녔는데, 피아노를 배우고 싶다고 먼저 말했었다. 그리고 초등학교 6학년에는 중학교 입학시험을 잘 보고 싶은 마음에, '스스로' 종합 학원에 다니겠다고 말했다. 내가 원해서 간 만큼 누구보다 열심히 했고, 굉장히 좋은 결과를 냈었다. 사실 그 당시에도 6학년까지 보습 학원을 안 다니는 것은 매우 예외적인 경우였지만, 엄마는 나를 믿고 기다려주었다. 만약 엄마가 먼저 나에게 학원을 제안했다면 어땠을까? 아마 그렇게까지 열심히 하지는 못했을 것 같다는 생각이 든다.

그러나 이곳의 아이들은 스스로 생각하고 선택하기 이전에, 부모들이 늘 먼저 의견을 내고 선택한다. 아이들은 부모가 알아보고 선택한 곳에 다니면 그것으로 그만이다. 겨우 3살부터 시작된 이 상황이 시간이 지날수록 익숙해진다. 오히려 본인의 의견을 내세우는 것이 어색할 정도다. 물론 자식을 누구보다 위하는 부모가 한 선택이니, 어련히 열심히 알아보고 선택했을까 싶을 수 있다. 결코 같은 부모로서 모르는 바가 아니지만, 나는 그럼에도 아이들 스스로 원하는 것을 생각해볼 수 있는 기회를 앗아서는 안 된다고 생각한다.

그래서 이 동네 아이들에게는 자립심과 자율성이 부족하다. 분명 순하고 착한 아이들이지만 스스로 선택하고 독립적으로 해내려는 의지가 부족하다. 5학년이 다 되도록 엄마가 책가방을 싸주는 아이부터, 아침부터 저녁까지 모든 하루 일과를 엄마가 따라다니며 차로 싣고 날라주는 아이까지. 그러다 결국에는 본인의 장래 희망마저 부모에게 맡겨버린다. 5학년 아이들을 가르치던 어느 날, 아이들의 장래 희망을 조사했다. 내가 기억하는 초등학교 시절 아이들의 꿈은, 허황될지언정 현실에 타협하지 않은, 아이들의 시선에서 멋있고 즐거워 보이는 것들이었다. 하지만 고작 12살의 아이들이 적어낸 꿈은 의사, 판사, 교사에 더해서 bj가 대부분이었다. 심지어 어떤 아이는 꿈을 '공무원'이라고 적고는 이유를 안정적인 직장이기 때문이라 적었다.

12살의 아이에게 안정적인 직장이 필요한 이유는 무엇이었을까? 아이에게 좀 더 구체적이고 집요한 질문을 한 뒤 얻어낸 답은 결국, '부모님이 그렇게 말해서'였다. 그렇다면 오히려 수긍은 된다. 이 시대의 어른들에게 안정적인 직장보다 중요한 것은 없을 수 있다. 그러나 12살의 아이들에게 '안정적'이라는 단어는 너무 서글프게 느껴졌다. 그날 나는 이제는 꿈까지 부모의 선택에 의존하게 되어버린 아이들에게 말했다. "너의 진짜 꿈을 찾아보자."

부모의 적절한 보살핌은 순한 아이를 만들지만, 과도한 보살핌은 순응적이고 의존적인 아이를 만든다. 소아 청소년 정신과 전문의 오은영 박사님이 말하길, 부모는 최소한 자식을 키우는 과정에서 아이가 자신의 인생에서 좋아하는 걸 하면서 살 수 있도록, 자신의 삶을 독립적으로 살아갈 수 있는 힘을 길러주는 것이 부모의 역할이라고 했다. 그렇다면 부모는 아이가 좋아하는 것을 찾고 선택할 수 있도록 도와주어야 하고, 독립할 수 있는 힘, 자립심을 길러주어야 한다. 육아의 궁극적인 목적은 '독립'이므로(나는 여기에 하나 더 추가해서, 아이의 '행복한 독립'을 원한다).

티셔츠 한 장에
30만 원짜리를 입는 아이들

아이를 이 근방의 놀이학교에 보내는 친한 엄마가 사진을 보내 왔다. 놀이학교 친구들과 함께 찍은 단체 사진이었다. 그 엄마는 나에게 놀이학교 아이들이 매일 명품 옷을 바꿔 입고 온다고 말했고, 그제야 나도 사진 속의 아이들이 입은 옷에 눈이 갔다. 다들 옷에는 Burberry, Fendi, Gucci와 같은 명품 브랜드 로고를 하나씩 달고 있었다. 심지어는 친구가 보내준 다른 날 사진에서도, 또 다른 날 사진에서도, 아이들은 다른 명품 옷을 입고 있었다. 나도 평생을 통틀어 몇 번 사 입지 못한 옷들이었다.

물론 이 동네의 엄마들이 아이들에게 비싼 옷을 사 입힌다는 것은 대충 알고 있었다. 하지만 이 정도 고가의 명품 옷 일거라고는 생각하지 못했던 것 같다. 왜냐하면 아이들은 너무 금방 자란다는 것을 아이를 키우는 사람이라면 누구나 알기 때문이다. 그래서 늘 한두 사이즈 크게 옷을 사지만, 2년을 입히기 힘들다. 게다가 아이들은 항상 옷에 뭔가를 흘리고 묻힌다. 당연히 옷을 사고 한 철이 면 늘 얼룩이 생기고 해진다. 그런 어린아이들에게 한 장에 30만 원이 넘는 명품 티셔츠를 입히는 곳이 바로 이곳 압구정이다.

압구정 엄마들이 자주 가는 백화점의 아동관에는 유아 전용 명품관이 줄지어 들어와 있다. 나는 백화점을 자주 가지는 않지만, 간혹 그곳을 지나갈 때면 눈이 휘둥그레진다. 아이 점퍼 하나에 100만 원이 훌쩍 넘고, 신발은 기본 30만 원부터 시작한다. 딸을 생각하며 집어든 머리핀은 하나에 5만 원이다. 이렇게 평생 간직할 수도, 오래 착용할 수도 없는 아이들의 옷과 신발조차 명품으로 사는 사람들은, 더 이상 허세나 과시만의 목적으로 명품을 구매하는 것은 아니다. 이곳의 사람들에겐 이것 또한 일상의 한 부분일 뿐이다.

그래서 30만 원짜리 티셔츠가 과해 보이지 않는다. 오히려 대대손손 물려줄 수 있다고 말하며, 너도 나도 줄을 서서 구매하는 성인들의 명품 백보다 합리적이다. 왜냐하면 적어도 본인의 소득 수준에서 무리가 가지 않고, 충분히 감당할 수 있는 소비이기 때문이다. 내가 우리 아이들에게 3만 원짜리 티셔츠를 사준다고 문제가 되지 않듯, 돈 많은 이 동네 엄마들이 자식에게 비싼 옷을 입힌다고 문제가 될 일은 전혀 없다.

물론 이곳의 엄마들도 주변의 시선을 의식하며 아이들의 옷을 입히는 경우도 있다. 언젠가 어떤 엄마가 나에게 물었다. 선생님들도 아이가 비싼 옷을 입으면 한번 더 눈이 가지 않으냐고. 그래서 의식적으로 명품 옷만 사게 된다고 말했다. 그 이야기를 듣고 나는 내가 휴직하기 전을 떠올렸다. 아무리 생각을 해도 어떤 아이가 어떤 브랜드의 옷을 입었는지는 전혀 기억나지 않았다. 다만 항상 깨끗한 옷에 좋은 냄새가 나서 기분이 좋아지는 아이는 있었다. 반대로 언제나 얼룩 가득한 옷을 구겨진 채 입고 오던 아이도 기억났다. 그래서 나는 말했다. "아마 대부분의 정상적인 선생님이라면 아이가 무슨 브랜드의 옷을 입었는지 모를 거야. 다만 선생님도 사람인지라, 깨끗한 옷을 입고 좋은 냄새가 나는 아이를 보면 기분은 좋더라."

  모든 부모는 여유만 있다면 비싸고 좋은 옷을 사주고 싶을 것이다. 간혹 원하는 것을 사주지 못하면 아쉽고 속상할 수도 있다. 나 또한 이 동네 아이들이 하나씩은 가진 30만 원짜리 티셔츠를 사주지 못해 아쉬운 날도 분명 있었다. 하지만 오래도록 크게 속상할 필요는 없다. 나의 경험을 되돌아보아도 아이가 일상생활을 하며 중요한 것은, 얼마나 비싼 옷을 입었느냐가 아니다. 중요한 것은 우리 아이가 얼마나 청결하고 깔끔한 옷을 입었는가라고 생각한다. 그래서 나는 언제나 깨끗이 빨아 놓은 옷을 말끔히 다려 아이에게 입힌다. 그거면 충분하다.

가족 식사는 허기를 채우는 것
이상의 의미를 지닌다

얼마 전 유튜브에서 우연히 한 재벌가의 가족 식사 영상을 보았다. 브이로그 형식이라, 식사를 하는 장면은 물론이고 식사를 준비하고 차리는 과정까지 모두 볼 수 있었다. 계절과 메뉴에 맞는 꽃으로 장식된 식탁과 예쁘고 화려한 식기까지, 여느 고급 레스토랑과 견주어도 손색없을 정도로 예쁜 식사 장면이었다. 물론 음식들도 하나같이 예쁘게 플레이팅 되어 있어서, 나는 분명 눈으로 보기만 했을 뿐인데 맛있다고 느껴질 정도였다. 드라마에서나 볼 법한 장면이었다.

엄마가 정성껏 차려준 예쁜 음식을 먹는 브이로그의 주인공은 정말이지 행복해 보였다. 나는 정성 들여 차려진 밥상에서, 가족들을 위한 어머니의 사랑과 애정을 느낄 수 있었다. 식사를 하는 사람이 좋아할 모습을 생각하며 차렸다는 것이 단번에 느껴지는 밥상이었다. 식사 시간 내내 가족 간의 소소하지만 즐거운 대화들이 오갔다. 영상 속의 주인공에게 가족 식사는 단순히 먹는 것 이상의 의미를 지니는 듯 했다. 문득 이런 생각이 들었다. 이 식사 장면이 아름답고 행복해 보이는 이유는, 비싸고 예쁜 식기들로 잘 차려진 밥상 때문일까, 혹은 서로를 위하는 마음이 엿보이는 식탁 위의 대화와 온기 때문일까? 나의 대답은 '둘 다'였다.

생각해 보면 우리는 중요한 손님이 오면, 그릇도 음식도 신경 써서 내어 놓는다. 중요한 사람에게 정성스러운 대접을 해야 한다는 마음에서 비롯된 행동이다. 같은 맥락에서 좋은 레스토랑에서는 음식의 맛도 중요하지만, 그릇과 플레이팅에도 신중을 기한다. 그 레스토랑에 방문한 사람들이 대접받고 있다고 느끼게끔 하는 중요한 요소이기 때문이다. 그런데 제아무리 중요한 손님이라고 해봐야, 가족보다 중요한 사람이 있을까? 나에게 소중한 사람에게 가장 귀한 대접을 해야 한다면, 그 첫 번째 대상은 다름 아닌 가족이라는 생각이 들었다.

정성스러운 식탁을 마주한 가족들은, 자연스레 화기애애한 분위기 속에서 즐겁게 대화를 이어간다. 그렇게 가족 식사는 단순히 굶주린 배를 채우는 것을 넘어, 가족 간의 정서적 교류가 이루어지는 현장이 된다. 그러다 보니 이런 분위기의 가정에서는, 아이들이 배가 고프지 않아도 식사 자리에 참석하기도 한다. 식사 시간은 밥을 먹지 않아도 그 자체로서 충분히 의미가 있기 때문이다. 특히나 어린아이들에게 가족 식사 자리는 식사 예절을 익히고 가족 문화를 알 수 있는 중요한 자리가 된다.

여기까지 생각이 닿자, 이전까지는 관심에 없던 그릇을 사야겠다는 생각이 들었다. 예쁜 밥상을 차려야겠다는 의지가 생겼다. 그리고 갑자기 그릇을 모으는 동네 엄마들의 취미가 새롭게 보이기까지 했다. 사실 동네의 엄마들은 모이면 그릇 이야기로 시간이 가는지 모른다. 하나에 30만 원이 훌쩍 넘는 접시를 사고, 작가의 전시회까지 가서 컵을 사오는 엄마들을 보며, 돈 있는 엄마들의 사치쯤으로 여겼던 것이 사실이다. 그러나 이제는 그 그릇도 가족들을 위한 식사 준비의 일부분이 될 수 있다는 생각이 들었다(실제로 엄마들의 SNS에는 예쁘고 비싼 그릇으로 정성스레 차려진 가족들을 위한 밥상이 종종 올라온다). 오히려 결혼 이후 제대로 된 그릇 한 번 사지 않은 내가 부끄러워졌다.

언젠가 내가 배달 이유식이 담겼던 플라스틱 통에 아이들 간식을 주는 것을 보고는 시어머님이 하셨던 말씀이 기억난다. 시어머님은 아이들도 예쁘고 좋은 것을 다 알고 있으니, 아이들에게 음식을 줄 때도 그 점을 항상 염두에 두라고 하셨다. 당시에 나는 아이가 어려 안전한 그릇이면 충분하다 생각했었다. 그런데 되돌아보니 아이들에게 미안하기도 하고 스스로에게 부끄럽기도 했다. 안전한 그릇을 원했다면 플라스틱으로 된 예쁜 그릇을 살 수도 있었을 텐데 말이다. 그리고 아이는 정말로 예쁜 그릇에 담아준 음식들을 더 좋아했다. 어쩌면 아이들은 물론 예쁜 그릇도 좋지만,

엄마가 아이를 생각하며 예쁜 그릇을 고른 그 마음을 알고 있을 것이다. 나를 귀하게 대하는 그 마음 말이다.

사실 오랜 시간 동안 나에게 가족 식사란, 단지 허기를 채우기 위해 밥을 먹는 시간일 뿐이었다. 어린 시절을 돌아보면, 어울리지 않는 그릇에 대충 놓인 요리와 반찬 통에 담긴 채 꺼내진 반찬은 흔한 일이었다. 그렇게 엉성하게 완성된 식사 시간마저도, 바쁘고 지친다는 이유로 빨리 먹고 각자의 볼일을 보기 위해 흩어지기 바빴던 것 같다. 이러한 식사가 익숙한 나에게, 시간과 정성을 들여 차리는 밥상과, 그 위에서 오고가는 정다운 대화들은 어쩐지 어색한 일이기도 했다.

하지만 이제는 안다. 정성스럽게 차려진 식사는 가족들로 하여금 사랑받고 있음을 느끼게 할 수 있다. 또한 식사 시간은 온 가족이 모두 모여 대화를 할 수 있는 소중한 시간이다. 그러니 이제 나는 가족 식사 시간에 시간과 노력을 투자할 이유가 충분해졌다. 물론 매일같이 정성들인 식사를 준비하기는 어렵다. 하지만 가끔은 나의 충분한 사랑을 느낄 수 있는 식탁을 차려야겠다고 다짐한다.

압구정에는 부모는 없고
학부모만 가득하다

처음 산부인과를 가던 날 나는 '엄마'라는 이름을 얻었다. 수백 번 불러만 보았지 한 번도 들어본 적 없던 '엄마'라는 단어를 듣던 날, 나는 생각했다. '건강하게만 태어나렴. 엄마가 너를 행복하게 해줄게.' 아마 모든 엄마들이 아이를 가졌다는 걸 아는 순간 비슷한 생각을 할 것이다.

아이가 태어나고 몇 년간은 엄마의 관심사는 여전히 아이의 건강과 행복이다. 아이가 잘 먹고, 잘 자고, 잘 싸주기만 하면 더할 나위 없이 감사하다. 엄마는 매일 어떻게 하면 아이가 행복할지를 연구한다. 그래서 그 즈음의 아기를 키우는 엄마들을 만나면, 이야기의 주제는 늘 아이의 식사나 잠, 놀이와 관련된다. 무엇을 잘 먹는지, 어떻게 하면 잘 자는지, 무엇을 하고 노는지 등의 이야기를 한다.

그러다 아이가 자라면서 부모들은 하나둘 바라는 게 생긴다. 이제

더 이상 아이의 건강이나 행복만 생각하지 않는다. 건강하고 행복하기만 하면 되던 아이는, 하나둘 해야 할 것들이 생긴다. 한글도 깨우쳐야 하고, 영어도 할 줄 알아야 한다. 수학도 해야 하고, 책도 읽어야 한다. 물론 할 줄 알기만 하면 안 되고 '잘'해야 한다. 아이는 학생이 되고 부모는 학부모가 되는 순간이다.

<u>엄마라는 이름을 얻을 때는 분명 내가 너를 행복하게 해주겠다고 다짐했는데, 학부모라는 이름을 얻을 때가 되니, 아이가 무엇이든 척척 잘해내서 나를 좀 행복하게 해줬으면 하게 된다.</u> 사뭇 다른 마음가짐과 다른 태도이다.

세상의 모든 부모는 자연히 학부모가 된다. 아이가 자라면 누구나 학생이 되는 것과 마찬가지의 이치이다. 그런데 문제는 이곳 압구정의 부모들은 너무 '빨리' 학부모가 되려 한다는 것이다. 그리고 빨리 학부모가 되고 싶은 부모들 덕에, 아이들은 이르면 3세, 늦어도 5세면 학생이 되어야 한다. 어서 학부모가 되고 싶은 부모들은 아이들에게 공부를 시킬 만반의 준비가 되어 있다. 물론 아무것도 모른 채 갑자기 학생이 되어 버린 아이들은 당황스럽다.

압구정의 부모는 왜 그렇게도 빨리 학부모가 되고 싶은 걸까? 아마도 좀 더 일찍 '학생'이 되어, 더 빨리, 더 많이 배워야 이 사회에서 성공할 수 있다는 믿음이 가져온 결과일 것이다. 하지만 아직 3, 4세의 아이들은 학습보다 중요한 것이 많은 나이다. 그럼에도 학생이라는 이유로 학습에만 전념해야 한다. 부모의 권유로 너무 빨리 학생이 된 아이들은 그만큼 빨리 지치기도 쉽다.

게다가 일단 학부모가 된 압구정의 부모들은 학부모의 역할에만 몰두하게 된다. 학부모는 부모의 많은 역할 중 하나일 뿐이지만, 한번 학부모가 되면 다른 것은 망각하기 쉽다. 아이를 낳기 전 간절하게 빌었던 엄마의 마음은 온데간데없고, 기대로 가득 찬 학부모의 마음만 남는다. 건강하게만 자라달라던 엄마는, 아이는 여전히 건강하고 씩씩하게 자라건만 만족하지 못한다. 행복하게 해주겠다던 엄마는, 가끔씩 아이가 불행한 원인을 제공하기도 한다.

분명 나도 언젠가는 학부모가 될 것이다. 그러나 나는 그 시기를 당기고 싶지는 않다. 그리고 자연스럽게 그때가 되면, 내가 엄마가 되던 때와 마찬가지로 아이를 행복하게 해주겠다는 다짐으로 시작하고 싶다. 그래서 아이에게 이렇게 말해주고 싶다. 너의 행복을 위해서 열심히 공부해보자고.

좀 더 천천히 학부모가 되어도 되지 않을까? 아직 어린 우리 아이들에게는 학습보다 중요한 것들이 있다.

부모는 멀리 보라 하고
학부모는 앞만 보라고 합니다.

부모는 함께 가라 하고
학부모는 앞서 가라고 합니다.

부모는 꿈을 꾸라 하고
학부모는 꿈꿀 시간을 주지 않습니다.

당신은 부모입니까? 학부모입니까?

_2010, 공익 광고

제8장

압구정 엄마들의 사생활

압구정의 엄마들이
호텔에 가는 이유

결혼하기 전 나는 호텔에 가본 적이 손에 꼽을 정도였다. 물론 여기서 말하는 호텔은 우리가 떠올리는 5성급 수준의 고급 호텔을 말한다. 나에게 호텔은 특별한 날에만 가던 특별한 장소였다. 그런데 압구정의 엄마들에게 호텔은 특별한 곳도, 특별한 날에만 가는 곳도 아니다. 오히려 많은 추억과 일상이 깃든 곳이었다.

내가 아는 대부분의 압구정의 엄마들은 호텔에서 결혼식을 했다. 그리고 아이를 낳으면 당연하게 호텔에서 돌잔치를 한다. 주말에도 종종 호캉스를 떠나고, 친구를 만나 수다를 떨 때도 호텔을 간다. 하지만 나는 결혼식도, 돌잔치도 호텔에서 하지 않았다. 아마 못 했다고 표현하는 것이 정확할 것 같다. 우리 집은 1회성 행사에 그렇게 큰돈을 들일 만큼 여유 있지는 않았기 때문이다.

당연히 그런 화려한 생활이 부럽기도 했지만, 궁금하기도 했다. 왜 호텔일까? 특히나 결혼을 하고 아이가 생긴 엄마들은 호텔

밖에 갈 곳이 없나 싶을 정도로 자주 가는 것 같았다. 돌잔치 이외에도 아이와 함께 하는 여행, 가족 식사 등은 모두 호텔에서 해결한다. 아는 엄마는 여름이면 일주일에 3일을 아이를 데리고 호텔에서 지내다 와서, 근처에 살면서도 얼굴을 보기 힘들 정도였다. 처음에는 단지 호텔이라는 고급스러운 이미지를 추구하기 때문이라고 생각했었다. 하지만 나도 아이를 낳고 호텔을 몇 번 다녀 보니 진짜 이유를 알게 되었다.

세상에는 갈 곳이 많다. 그러나 아이와 함께 갈 수 있는 곳은 생각보다 많지 않았다. 아이를 받아주는 곳도 적을 뿐더러, 아이를 따뜻한 시선으로 바라봐주는 곳도 적다. 언제부턴가 '노 키즈 존'이 여기저기 생겨났다. 그러다 보니 아이랑 호텔이 아닌 식당을 갈 때면 반드시 전화를 해서 물어본다. '아이도 함께 들어갈 수 있나요?' 혹여나 아이가 갈 수 있는 곳도 벌써 걱정이 앞선다. 입구부터 유모차가 들어갈 수 없는 곳, 유아 의자나 유아 식기가 없는 곳이 너무 많기 때문이다. 더 큰 걱정은 아이들을 향한 직원들의 불친절한 태도나 주변의 시선이다.

하루는 예술의 전당에서 아이와 전시를 보고 밥을 먹으러 식당에 갔다. 피곤했는지 곤히 잠에 든 아이는 유모차에 탄 상태였다. 식사 시간이 한참 지나서인지 식당은 한산했고, 구석에는 유모차가 들어갈 만한 넓은 자리도 있었다. 우리는 아이가 자고 있으니 구석에 유모차를 세워두고 식사를 해도 괜찮겠냐고 물었고, 식당

주인은 짜증이 가득한 목소리로 말했다. "주변 손님들이 불편해할 수 있으니 유모차를 반입할 수 없습니다. 식사를 하고 싶으면 야외에서 해야 합니다." 당시는 꽤나 쌀쌀한 11월이었다. 너무도 배고팠던 우리는 하는 수 없이 유모차를 옆에 두고 야외에서 급하게 식사를 마쳤다.

이날은 몇 년이 지나도 아주 불쾌한 날로 기억된다. 나는 유아 의자나 유아 식기 같은 유아 용품이 모든 식당에 필수라고 생각하지는 않는다. 정당한 이유가 있다면 노 키즈 존도 이해할 수 있다. 유모차를 반입하는 문제도 그렇다. 사람이 많거나 자리가 부족하다면 유모차가 반입이 안 될 수도 있다. 그러나 손님이 거의 없어 텅텅 빈 식당에 유모차가 들어가는 것이 왜 문제가 되는지 모르겠다. 그리고 더욱 불쾌한 것은 아이와 아이를 기르는 부모에 대한 시선과 태도였다. 요즘 사람들에게 아이와 함께하는 가족은 배려하고 존중해야 하는 대상이 아니라 불편하고 신경 쓰이는 사람들일 뿐이다.

이런 경험을 몇 번 하고 나니 더 이상 일반 식당을 가는 것이 꺼려졌다. 그래서 아이와 함께 할 때면 언제나 '키즈 - 프렌들리'하다고 소문난 곳 혹은 '호텔'을 찾아다니게 되었다. 남편과 나의 불쾌함과 불편함은 두 번째 문제였다. 우리 아이들에게 그런 대접을 받게 하고 싶지 않았다. 더 이상 우리 아이들을 불편한 존재로 생각하는 곳, 엄격하고 차가운 시선을 보내는 곳에 데려가고 싶지 않아졌다. 분명 모두가 겪어온 어린 시절일 테고, 대부분의 사람이 언젠가는 걸을 부모의 길인데, 이렇게까지 각박해야 하는지 속상했다.

하지만 호텔에 가면 일반 손님과 아이가 있는 손님의 지위는 역전된다. 호텔에서 아이가 있는 손님은 오히려 '배려해야 하는 고객'이 된다. 일단 식당에 가면 유아 식기나 유아 의자 같은 용품은 기본이다. 대부분은 가장 넓고 쾌적한 자리를 내어준다. 유모차도 들어가야 하고 아기 의자도 들어 가야 하기 때문이다. 모든 직원들은 아이들에게 친절하고 상냥한 태도를 유지한다. 혹여나 지루할 아이들을 위한 크레파스와 종이까지 준비해주는 곳도 있다.

한두 시간의 식사에도 이 정도 차이가 나니, 잠을 자는 숙박은 더욱 큰 차이가 난다. 나도 아이를 낳기 전에는 리조트, 펜션 등을 가리지 않고 많이 다녔던 것 같다. 오히려 펜션이나 리조트가 예쁘고 특색 있는 곳도 많다. 하지만 아직 어린 연년생 남매를 키우는 나에게 예쁜 펜션은 빛 좋은 개살구일 뿐이다. 호텔에서 숙박을 하면 일단 기본적인 유아 용품이 모두 준비된다. 아기 침대나 아기 욕조, 젖병 소독기, 침대 가드 같은 아주 어린아이를 위한 용품부터, 유아 샴푸, 유아 욕조, 심지어는 유아 변기까지 제공된다. 아이들이 어릴수록 한번 이동할 때 싸야 하는 짐은 상상을 초월할 정도로 많은데(1박이면 캐리어 하나는 필요하다), 호텔에서 머물게 되면 짐이 반으로 줄어든다.

그런데 사실 이런 유아 용품들은 호텔을 숙소로 선택하는 것의 가장 중요한 요소는 아니다. 무엇보다 중요한 것은 앞서 말했듯, 아이들에 대한 호텔 전반에서 느껴지는 배려와 친절이다. 일반 리조트에 놀러 가면, 아이 밥 한번 데우는 것도 일이다. 아직 이유식을 할 때라 이유식을 얼려간 적이 있었다. 전자레인지로 해동만 하면 됐지만, 그것조차 쉽지 않았다. 리조트 내에 식당도 많고 전자레인지도 많았지만, 대부분 불편한 기색을 보였다. 하지만 호텔은 직접 이유식을 데워서 가져다 준다. 심지어 유아식이 준비되어, 이유식을 얼려가는 수고도 할 필요가 없는 곳도 있다.

물론 호텔에는 서비스 비용이 포함되어 있다. 높은 비용만큼 질 높은 서비스를 제공하는 것은 어쩌면 당연한 일이다. 그럼에도 우리 사회의 전반적인 분위기가 아이들에게, 아이와 함께하는 어른들에게 너무 엄격한 것 또한 사실이다. 심지어는 조금이라도 실수하면 '맘충'이라는 프레임까지 씌우려고 달려든다. 그런 소리를 듣는 것이 싫어 간혹 일반 식당에 갈 때면 과도하게 아이를 혼내게 되기도 한다. 그리고 나면 나는 또 한참 미안해진다. 어린아이들이 어른처럼 있어주길 바라는 것은 무리이지 않을까.

그러니 결국 돈 있는 엄마들은 아이와 함께할 때는 호텔을 찾게 된다. 엄마도 아이도 눈치 보지 않아도 되는 곳, 아이와 함께하는 부모들이 오히려 배려 받을 수 있는 곳, 호텔은 그런 곳이기 때문이다. 하지만 매번 호텔에 갈 수 없는 대부분의 사람들은 어떻게 해야 할까? 식당에 갈 때마다, 여행을 갈 때마다 눈치를 보고 불편함을 감수해야 할까? 그도 아니면 아이와 집에만 있어야 할까. 나는 '키즈 - 프렌들리'한 호텔이 아니라 '키즈 - 프렌들리'한 사회를 바라본다.

어린아이 너무 나무라지 마라.
네가 걸어왔던 길이다.

_배우 박중훈 어머님

SNS 속의 그녀를 믿지 마세요

요즘은 너도나도 SNS를 한다. 누군가는 SNS는 인생의 가장 큰 낭비라고 했으나, 인기는 식을 줄 모른다. SNS는 엄마들 사이에서도 인기다. 육아를 하느라 밖에 마음대로 나갈 수 없는 엄마들은 SNS를 통해 바깥세상을 구경한다. 직접 만나 수다를 떨고 싶은 마음은 굴뚝같지만, SNS를 통해 친구들과 일상을 공유하고 안부를 묻는 것으로 대신한다.

처음에는 꽤 괜찮은 세상과의 소통 창구였던 SNS는, 시간이 지나며 오히려 현실과 멀어지게 만든다. SNS에 보이는 것은 찰나의 순간일 뿐이지만, 많은 사람들은 그 순간을 전체라고 믿게 된다. 하루 종일 육아를 하며 힘든 날에, 남편이 케이크와 꽃다발을 사왔다. 내가 SNS에 케이크와 꽃다발을 올리면, 사람들은 자상한 남편만 보인다. 육아를 하느라 지쳤던 나의 대부분의 시간은 보이지 않는다.

어떤 엄마는 오랜만에 만나서 내내 나에게 남편과 시댁 욕을 하고 갔다. 그리고 그날 밤 그 엄마는 SNS에 남편이 사준 가방과 함께 남편에 대한 칭찬을 한가득 올렸다. 물론 그 순간에는 남편에게 화가 풀렸을 수도 있고, 진심으로 고마웠을 수 있다. 그러나 중요한 것은 사람들 눈에는 돈 많은 남편이 사준 가방만 보인다는 것이다. 가방을 사기 전까지 피터지게 싸운 현장은 보이지 않는다.

나도 한때 SNS를 활발히 했고, 팔로워도 꽤 많던 시절이 있었다. 하지만 얼마 안 가 SNS 계정을 폐쇄했다. 이유는 내가 어느 순간 SNS에 올리기 위해 사진을 찍고 있어서였다. 분명 처음에는 아이들의 사진을 찍고 보니, 나만 보기 아까울 정도로 예뻐서 사진을 SNS에 올렸다. 하지만 언젠가부터 SNS에 올리기 위해 아이의 사진을 찍고 있었다. 무언가 뒤바뀐 것 같았다. 그리고 진짜 나를 보여주는 것 같지 않았다.

이렇듯 SNS는 보여주고 싶은 것만 골라 보여줄 수 있고, 보여주고 싶지 않은 것은 숨길 수 있다. 결국 우리가 SNS에서 보는 세상은 진짜가 아니다. 그러니 그 누구도 진짜가 아닌 것을 보고 갈망하고 속상해하고 슬퍼할 이유가 없다.

그렇게 마음을 다잡아보지만, SNS에 보이는 돈 자랑만큼은 좀처럼 지나쳐지지가 않는다. 요즘 SNS에는 무엇보다 본인의 부를 드러내고 싶어서 안달난 사람들이 많다. 좋은 차, 좋은 시계, 좋은 가방이 여기저기서 보인다. 외제차 로고가 보이는 핸들과, 그 핸들

위에 놓인 손에는 언제나 비싼 시계가 함께 있다. 그런데 내가 분명하게 말할 수 있는 것은, 정말 부자는 SNS에 티내지 않는다는 것이다(간혹 예외적인 경우는 있다).

내가 아는 부자 엄마들 중 누구도 SNS에 자동차나 시계를 비롯한 명품 사진을 올리지 않는다. 물론 실제로는 머리부터 발끝까지 명품이다. 그럼에도 SNS에 티를 내지 않는 이유는, 물론 검소해서 혹은 겸손해서 일수도 있다. 그러나 더욱 정확히는 그 사람들에게 비싼 차, 명품 가방, 명품 시계는 너무 평범한 일상이기 때문이다. 생각해 보면 SNS에 어떤 사진을 올린다는 것은, 그것이 기념할 만한 특별한 것이라는 의미하기도 한다. 하지만 매일 먹는 밥이나 반찬을 SNS에 올리지 않듯, 진짜 부자들은 매일 사는 명품을 자랑하지 않는다.

그러니 혹여 누군가 SNS에 돈 자랑을 하고 있다면, 배 아파할 필요도, 자신의 처지와 비교하며 속상해할 필요도 없다. 오히려 '아, 정말 부자는 아니구나'라고 생각하면 된다. 한발 더 나아가 역시나 SNS는 결국 본인이 보여주고 싶은 것만 보여줄 수 있는 곳이라고 생각하면 된다. 이것이 스스로를 힘들게 하지 않고 건강하게 SNS를 하는 방법이다.

압구정 엄마들은
스스로 행복해지는 방법을 알고 있다

치킨을 시켰다. 왠지 엄마는 닭다리를 안 먹을 것 같다. 하지만 사실은 엄마도 닭다리를 좋아한다. 왜 엄마는 닭다리를 안 먹을 것 같을까. 우리가 생각하는 '엄마'의 이미지가 그렇기 때문이다. 자식을 위해서라면 모든 것을 기꺼이 희생할 준비가 되어 있는 사람, 그래서 정작 본인은 돌볼 여력이 부족한 사람, 이런 사람이 지금껏 우리가 알고 있던 엄마였다. 엄마는 마치 닭다리를 양보하듯, 참 쉽게도 본인의 행복을 가족을 위해 양보해왔다.

그런데 압구정의 엄마들은 달랐다. 압구정의 엄마들은 아이들의 행복만큼 본인의 행복도 중요하다. 그래서 늘 행복하기 위해 부단히 노력한다. 내 아이가 소중한 만큼 나 자신도 소중하다. 엄마가 이렇게 스스로를 소중히 여기니, 주변에서도 자연스레 엄마를 소중히 여긴다. 이곳에서 엄마는 더 이상 희생과 양보의 아이콘이 아니다.

나는 엄마가 행복해야 아이가 행복하다는 말을 믿는 편이다. 정확히 말하면 '행복하지 않은 엄마 밑에서, 결코 행복한 아이가 자랄 수 없다'고 생각한다 (엄마가 행복하면 아이도 행복하다고 단정 짓지 않는 이유는, 엄마는 행복하지만 아이는 행복하지 않은 경우를 꽤 봤기 때문이다). 그러니 행복한 엄마가 되는 것은 내 아이가 불행하게 되는 것을 막는 길이기도 하다.

스스로를 아끼는 이 동네 엄마들은, 본인이 무엇을 좋아하고 무엇을 할 때 행복한지 누구보다 잘 안다. 사실 생각보다 많은 엄마들이, 주변을 챙기느라 스스로 무엇을 좋아하는지조차 잊고 산다. 하다못해 식사를 준비할 때도 본인이 먹고 싶은 것은 거의 뒷전이고, 남편이 혹은 아이가 먹고 싶은 것을 위주로 차린다. 나의 엄마도 무엇을 먹고 싶은지 물어보면 돌아오는 대답은 항상 "아무거나 괜찮아. 네가 먹고 싶은 것 먹자"였다.

그래서 나는 아이들이 남긴 음식을 먹지 않는다. 내가 아이를 낳고 나서 스스로 정한 일종의 원칙 같은 것이다. 아이들을 돌보다 보면 하루에 한 끼를 챙겨 먹기가 힘들다. 그런데 그마저도 아이가 남긴 것을 먹어야 한다면 내 스스로에게 너무 미안하다는 생각이 들었다. 아이들이 소중한 만큼 엄마도 소중하므로, 나도 내가 먹고 싶은 걸 먹는다.

엄마로서의 인생도 마찬가지다. 아이들의 행복도 응원하지만, 나는 나만의 행복도 포기하지 않는다. 내가 좋아하는 것을 하고,

행복할 수 있는 일을 찾는다.

이 동네 엄마들은 스스로 행복해지기 위해 매일 바쁘다. 수다 떠는 것을 좋아하는 사람은 친구를 자주 만나고, 쇼핑을 좋아하는 사람은 백화점에 자주 간다. 운동을 좋아하는 사람은 밤늦게라도 헬스장에 간다. 술을 좋아하는 엄마는 가끔씩 남편에게 아이를 맡기고 밤새 술을 마시기도 한다. 심지어 여행을 좋아하는 한 엄마는 시부모님께 아이를 맡기고 일주일 동안 해외여행을 가는 것을 보았다.

누군가는 이러한 것들이 돈이 있어서 가능한 일이라고 말할 것이다. 물론 이 동네 엄마들은 경제적인 여유가 있어서 하고 싶은 것들을 좀 더 수월하게 할 수 있는 것은 맞다. 그러나 결코 돈만 있다고 해서 누구나 행복할 수 있는 것은 아니다. 그 누구도 퇴근한 남편에게 아이를 맡기고 나가는 것이, 시댁에 아이를 맡기고 여행을 가는 것이 쉽지 않다. 물론 이것이 옳다, 그르다 혹은 좋다, 안 좋다는 개인이 판단할 몫이다(그런데 사실 매일 열심히 아이를 위해 사는 엄마가, 한 달에 하룻밤쯤 남편에게 아이를 맡기고 친구를 만나러 가는 것이 큰 문제가 되는지 모르겠다). 나는 다만 이 동네 엄마들이 얼마나 본인의 행복을 중요하게 생각하는지를 보여주는 것이다. 돈보다 중요한 것은 내가 좋아하는 것을 잘 알고, 스스로 행복해지기 위한 노력과 의지이다.

나는 육아를 시작한 이후, 4년이 지난 지금까지 한 달에 한두 번은 꼭 밖에 나가 친구를 만나고 예쁜 곳에 가서 식사를 한다. 나는 밖에 나가서 사람들과 이야기하고, 맛있는 음식을 먹는 것을 가장 좋아하기 때문이다. 사실 수다를 떨고 밥을 먹는 것이 돈이 많이 드는 일은 아니다. 하지만 아이가 둘인 엄마가 친구를 만나서 밥을 먹는 것은 생각보다 어려운 일이다. 그러니 내가 행복해지기 위해 필요한 것은, 돈이 아니라 노력과 의지였다. 내가 행복해지겠다는 의지. 분명 아이 둘을 맡기고 나가는 일은 너무나 힘들지만, 스스로 행복해질 수 있다면 충분히 가치 있는 노력임에 틀림없다.

　스스로를 사랑하고 행복하기 위해 노력하자. 엄마는 싫어도 해야 하는 일들, 단지 엄마이기 때문에 해야 하는 일들이 너무 많다. 그러니 일주일에 하루, 아니 한 달에 하루라도 좋아하는 것을 하며 행복해질 수 있는 시간이 필요하다. 아이를 어린이집에 보내 놓고는, 빨래하고 청소하고 반찬 만들다가 잠시 숨을 돌리는 휴식이 아닌, 진짜 '나만을 위한 시간'이 필요하다. 거창할 필요는 없다. 친구를 만나 예쁜 곳에 가서 맛있는 식사를 하고 수다를 떨자. 혹은 나를 위한 예쁜 옷을 사거나 날 좋은 날 공원에서 산책을 하는 것도 좋다. 한 달에 하루 몇 시간 정도는 온전히 나만을 위한 시간을 써도 괜찮다.

　엄마라서 당연히 희생하고 포기하지 말자. 엄마도 행복할 방법을 꾸준히 찾아야 한다. 엄마가 행복해야 아이가 불행하지 않다.

압구정 엄마들 모임의 필수품은
에르메스 백 혹은 자존감이다

　최근 〈겨우, 서른〉이라는 중국 드라마가 한국의 20~30대 여자들 사이에서 인기다. 드라마 주인공 중 한 명은 중국의 상류층에 속해 있는 여자인데, 어느 날 엄마들의 사교 모임에 샤넬 가방을 들고 갔다가 무시를 당한다. 이유는 다른 엄마들은 모두 '에르메스 버킨백'을 들고 왔기 때문이다. 예전에 읽은 미국 상류층 엄마들에 관한 에세이[9]에서도 에르메스 버킨백은 모임의 필수품으로 묘사된다. 당시에는 진짜 저런 세계가 있나 싶었다. 그런데 압구정에 와 보니 실제로 버킨백은 만국 공통 상류층 엄마들의 필수품이었다.
　어느 친한 동네 엄마가 놀이학교 엄마들 모임에 갔다가 시무룩해져서 돌아왔다. 이유는 대부분이 에르메스 가방을 들고 왔기

---

[9] 웬즈데이 마틴, 『파크애비뉴의 영장류』, 사회평론, 2016

때문이었다. 물론 그 엄마도 꽤나 비싼 샤넬 가방을 들고 갔지만, 에르메스에 비할 바는 아니었다. 에르메스의 위상이 이렇게나 높은 이유는, 에르메스는 다른 명품들과 달리 돈만 있다고 해서 구할 수 있는 가방이 아니기 때문이다. 원하는 가방을 얻기 위해서는 그 브랜드에서 지출해야 하는 돈이 최소 3,000만 원이 넘고, 구매자의 평소 스타일까지 본다고 알려져 있다. 물론 실적을 쌓은 이후에도 1,000만 원이 훌쩍 넘는 금액을 지불해야만 얻을 수 있는 것이 바로 에르메스의 '버킨백'이다.

물론 모든 압구정 엄마들의 모임에 에르메스가 필수인 것은 아니다. 나는 우리 아이를 놀이학교에 보내다가 어린이집에 보냈는데, 엄마들 모임의 분위기가 사뭇 달랐다. 어린이집 엄마들 모임에서는 오히려 에르메스를 구경하기가 어려웠다. 엄마들의 옷도 신발도 가방도 수수한 편이었다. 반면 놀이학교 엄마들 모임에서 에르메스는 자주 등장하는 단골손님이었다. 왜냐하면 아이를 놀이학교에 보내는 집은, 어린이집에 보내는 집에 비해 상대적으로 부유한 경우가 많기 때문이다(물론 경제적인 이유가 아니라 다른 이유로 놀이학교가 아닌 어린이집을 선택하는 경우도 간혹 있다).

하지만 엄마들의 모임이 아이들의 기관과 관련된 모임만 있는 것은 아니다. 개인적으로 친해진 동네 엄마들의 모임이 있는데, 여기서는 또 버킷백보다 더한 것들이 종종 등장한다. 일단 기본적으로 몸에 걸치고 온 것들을 합치면 고급 외제차 한 대는 가뿐히 넘는다. 3,000만 원이 넘는 시계, 2,000만 원짜리 가방, 겨울이면 너도 나도 기본으로 입는 1,000만 원 상당의 코트까지. 예물 반지라도 끼고 온 날이면 온몸이 귀해서 스치기가 부담스러울 정도이다.

나와는 다른 세상의 사람들 같았다. 나는 에르메스는커녕, 비싼 시계도 비싼 코트도 없으니 말이다. 그래서 처음에는 이 모임에 내가 계속 참석해도 되는지까지 생각할 정도였다. 나도 사람인지라 처음부터 아무렇지 않았던 것은 아니다. 모두가 1,000만 원이 넘는 시계를 차고 온 날이면, 아무것도 차지 않고 있는 나의 손목이 유독 허해 보이는 날도 있었다. 너도나도 들고 온 에르메스 가방들 사이에 내 가방을 내려놓기가 꺼려지던 날도 있었다.

그러나 나는 이내 괜찮아졌다. 나는 '자존심'을 차리는 것이 아니라 내 '자존감'을 높이기로 결정했기 때문이다. 자존심은 타인과의 비교 속에서 높이는 것이지만, 자존감은 스스로를 그 자체로서 존중하고 사랑하는 마음이다. 아무리 생각해도 나는 에르메스는 없지만 충분히 행복했다. 만약 내가 자존심을 부리려 했다면 아마도 무리해서 가방을 사거나 혹은 그 모임을 나와야 했을 것이다. 하지만 자존심이 아니라 자존감을 높이니, 가방이나 시계가 없어도 엄마들과 즐겁게 교류할 수 있었다.

이 동네에는 나보다 잘난 엄마들이 너무 많다. 나보다 부자인 엄마, 나보다 학벌이 좋은 엄마, 나보다 집안이 좋은 엄마 등등. 비교하기 시작하면 끝이 없다. 그런데 그것이 나한테만 해당할까.

3,000만 원이 넘는 시계를 산 엄마보다 부자인 엄마도, 이 동네 어딘가에는 있을 것이다. 그래서 나는 누군가 어김없이 새로운 것을 사올 때면, 솔직하게 '부럽다' 혹은 '예쁘다'라고 말한다. 그것을 갖고 싶지 않은 사람이 과연 있을까. 그러나 그것이 없다고 해서 내가 행복하지 않을 일은 아니었다. 나는 나대로 충분히 행복하다.

그러니 나의 자존감을 높이는 일, 이것이 바로 '에르메스 가방' 없이도 이 동네의 엄마들과 어울릴 수 있는 방법이다.

돈 잘 쓰는 엄마들

압구정의 엄마들은 돈을 잘 쓴다. 특히 자식의 일이라면 더할 나위 없다. 아무리 크게 사도 2년을 입지 못할 텐데 한창 성장 중인 아이들에게 명품 옷이나 신발을 사준다. 또한 요리를 할 때는 대부분 백화점이나 유기농 매장에서 식자재를 구매한다. 뿐만 아니라 초등학생도 안 된 아이들에게 한 달에 사교육비로만 300만 원을 넘게 지출하는 이러한 일은 이 동네에서는 꽤나 흔한 일이다. 그리고 이렇게 돈을 잘(많이, much) 쓰는 엄마들은, 또 돈을 잘(옳게, well) 쓰기도 한다는 것을 최근에 알게 되었다.

동네의 아는 엄마는 한 달에 택시 값으로만 100만 원 가까이 쓴다. 이유는 아이가 다니는 기관에 등·하원을 시켜주기 위해서이다. 매일 택시를 타고 아이를 원에 내려주고, 다시 택시를 타고 집에 돌아온다. 그러고는 또다시 아이가 하원할 시간에 택시를 타고 나가서 다시 택시를 타고 아이를 데려온다. 택시는 일반 택시가 아닌 카카오 블랙 택시를 이용한다. 어쩐지 아이를 등원시킬 때면 매일같이 고급 택시가 아파트 앞에 서 있더라니. 일반 택시를 타지 않는 이유를 물으니 아이의 안전을 위해서라고 했다. 사실 나도 일반 택시를 좋아하지 않는다. 고급 택시가 과속 운전이나 난폭 운전을 거의 하지 않는 것에 비해, 대부분 운전을 거칠게 하고 친절하지 않은 것을 자주 보았기 때문이다. 그래도 하루에 4번씩이나 고급 택시를 타고 등·하원 시킨다는 것이 놀라울 뿐이었다.

사실 더욱 놀라운 것은 아이가 다니는 원에서는 집 앞까지 다니는 셔틀이 운행하고 있다는 점이었다. 셔틀을 태우지 않는 이유를 물어보니, 종종 일어나는 셔틀 사고가 걱정된다고 말했다. 사실 어린아이들이 셔틀을 타고 다니는 것이 안전한 일은 아니다. 일단 많은 아이들을 태워야 하는 셔틀의 특성상, 어린아이가 장시간 차를 타야 하는 것부터 부모에겐 이미 걱정거리다. 이외에도 급정거나 급출발을 비롯해, 더운 여름에 셔틀버스에 아이가 혼자 방치되는 사건이 발생하기도 한다.

내 아이의 안전과 건강보다 중요한 것은 없다. 그런 면에서 매일 4번씩 고급 택시를 타느라 돈을 쓰는 것이, 돈 많은 사람들에게는 돈을 잘 쓰는 방법일 수 있겠다는 생각이 들었다. 물론 이러한 경우는 엄마의 시간과 노력도 필요한 일이라, 더욱 대단하다고 느꼈던 것 같다. 집 앞에서 셔틀을 태워 보낸다면 최소 1시간 이상은 더 쉴 수 있을 텐데 말이다.

그런데 압구정의 엄마들이 돈을 잘 쓰는 대상이 본인과 자식, 가족에게만 해당되는 것은 아니다. 나는 이 동네에 와서 가족이 아닌 사이에도 이렇게 서로 많이 주고받을 수 있다는 것을 처음 알았다. 이곳의 엄마들은 자신의 생일이나 아이들의 생일처럼 특별한 날에 선물을 챙겨주는 것은 기본이다. 아무런 날이 아닌 날에도, 본인 화장품을 사다가 내 생각이 났다며 아무렇지 않게 고가의 화장품을 건넨다. 또 어느 날엔 본인 아이의 내복을 사다가 생각났다며, 자동차를 좋아하는 첫째를 위해서 자동차 무늬 내복을 경비실에 맡기고 간 엄마도 있었다. 심지어 어떤 엄마는 첫째가 밥을 한 달째 너무 안 먹어서 힘들다고 하자, 직접 산 재료로 반찬을 만들어 갖다주기도 했다.

선물이 크건 작건, 비싸건 안 비싸건, 중요한 것은 이 사람이 나를 위해 돈을 썼다는 것이 고맙다. 돈을 쓰는 순간 나를 떠올리고 기억했다는 것을 의미하기 때문이다. 그래서 예상치 못한 순간에 예상치 못한 선물을 받으면 그 사람이 더욱 고맙고 특별해진다. 주변의 소중한 사람들에게 아낌없이 베푸는 것, 이 또한 돈 많은 사람들이 돈을 잘 쓰는 방법이었다.

내가 아는 동네의 엄마들 중에 가장 돈을 잘(많이) 쓴다고 생각한 엄마가 있었다. 하나에 수천만 원 하는 가방이 몇 개씩이나 있는 사람이었다. 그 엄마의 재력을 보여주는 유명한 일화가 있었다. 엄마들끼리 모여 카페에서 수다를 떨다가 막 나가려는데, 갑자기 예상하지 못한 비가 내렸다. 하지만 차를 세워둔 곳까지는 거리가 꽤 있었고 누구도 우산이 없는 상황이었다. 모두들 어떻게 해야 할지 망설이고 있던 그때, 갑자기 그 엄마가 아무렇지 않게 자신의 샤넬 가방을 머리에 쓰고 차까지 달리기 시작했다. 주변 사람들이 놀라 황급히 말렸지만, 그 엄마는 이미 차로 뛰어간 후였다. 그러고는 나중에 가방보다는 내 머리가 더 중요하지 않느냐고 오히려 되물었다.

그리고 한참 시간이 흐른 뒤 500만 원이 넘는 가방을 우산 대신 쓸 수 있던 그 엄마가, 돈을 많이 쓰기만 하는 것이 아니라 돈을 참 멋있게 쓰는 사람이라는 것을 알게 되었다. 나는 유명한 맘 카페를 구경하던 중 그 엄마의 아이디를 우연히 발견했다(어디에서나 같은 아이디를 사용해서 알 수 있었다). 호기심에 그 엄마의 활동 내역을 보니, 맘 카페에서 미혼모 가정에 꾸준히 후원하고 있는 것을 알 수 있었다. 그제야 작아진 아이 옷이 있으면 같이 미혼모 가정에 기부하자고 했었던 말이 기억났다. 나는 작아진 옷은 보통 당근마켓에 팔았기 때문에 대수롭지 않게 흘려보낸 말이었다. 그런데 실제로 그 엄마는 몇 년간 꾸준히 미혼모 가정에 아이들의 작아진 옷뿐만 아니라, 장난감, 기프티콘 등을 지원하고 있었다. 내가 더 놀랐던 이유는 한 번도 이런 선행을 주변 사람들에게 알린 적이 없기 때문이다. 요즘은 봉사도 기부도 SNS의 인증을 위해 하는 것인지 의문이 들 정도로, 본인이 하는 일을 알리지 못해 안달난 사람들이 많은데 말이다.

　나는 예전부터 돈이 많은 사람들이 돈을 많이 쓰는 것은 전혀 문제가 되지 않는다고 생각했다. 오히려 경제의 활성화를 생각하면 장려할 일이다. 그런데 이곳에 살면서 돈이 많은 사람 중에는 돈을 많이 쓰기만 하는 것이 아니라, 정말 멋있게 쓰는 사람도 있다는 것을 알게 됐다. 가족을 위해, 나에게 소중한 사람을 위해. 그리고 사회의 약자들을 위해 쓰이는 돈은 무엇보다 가치 있는 소비라는 생각이 들었다. 이렇게 꽤나 멋있는 엄마들도 사는 곳이 압구정이었다.

엄마라는 이름의 의리는
압구정에서도 통용된다

사람 간의 관계가 오래 지속되려면 중요한 것이 있다. 바로 '의리'이다. 이 의리는 특히나 힘들고 어려울 때 더욱 빛을 발한다. 그래서 엄마들 사이에서는 이 의리가 중요하다. 육아는 늘 힘듦과 어려움의 연속이기 때문이다.

나 또한 육아를 하며 힘든 순간들이 참 많았다. 그리고 그 모든 순간을 기어코 이겨낼 수 있었던 이유 중의 하나는 바로 나의 '육아 동지', 동네 엄마들이었다. 세상에는 엄마라서, 엄마만이, 이해할 수 있는 것들이 있다. 아무리 자상한 남편도, 아무리 친구 같은 친정 엄마도, '동시대에 아이를 키우는 엄마'가 주는 위로와 공감을 넘어서기는 힘들다. 심지어는 알게 된 지 1년이 채 안 된 동네 엄마의 한마디가, 15년 지기 친구의 긴 위로의 말보다 와닿을 때가 있다.

아이의 이앓이가 절정에 이르던 때, 밤새 3시간이 넘게 운 아이를 돌보고 맞이하는 아침이었다. 그날 나의 마음을 진심으로 위로해 줄 수 있는 사람은, 몇 달 전 이앓이가 지나간 아이의 엄마였다. 너무 힘든 나머지 아파서 징징대는 아이에게 화를 내고는, 그런 내 자신에게 또 화가 났다. 어떻게 아픈 아이에게 화를 낼 수 있는지 자책할 때, 그럴 수 있다며 나도 그랬다는 말 한마디가 그 어떤 말보다 위로가 되었다. 그러고는 집까지 찾아와 말없이 경비실에 맡겨 두고 간 '이앓이 방지 과자'가 지친 나의 마음을 달랬다.

작년 겨울, 첫째를 어린이집에 보내고 둘째와 집에 있는데, 갑자기 눈이 펑펑 내리기 시작했다. 하원 시간은 다가오는데, 갓 돌이 지난 아이를 안고 왕복 40분이 걸리는 어린이집에 갈 엄두가 안 나 한참을 망설이고 있었다(당시에 나는 장롱면허로 운전을 못했다). 근처에 사는 시어머님께 연락을 드려봤지만 연락은 안 되고, 출근한 남편은 퇴근까지 한참이 남은 상황이었다.

한참을 고민하다 근처의 친한 동네 엄마에게 전화를 했다. 아이가 하나에 입주 시터까지 있는 엄마였다. 내가 어딘지를 묻자, 집 근처에서 친구들과 점심을 먹고 있다고 말했다. 약속 중이라는 말에 그냥 전화를 끊으려 했지만, 계속 물어보는 통에 상황을 설명했다. 그러자 그 엄마는 너무 흔쾌히 자신이 다녀오겠다고 했다. 친구는 나중에 봐도 된다고 말하며, 나는 일단 한 시간 정도 시간이 남았으니 정 안 되면 부탁하겠다며 전화를 끊었다. 그러고는 금방 문자가 하나 왔다. "집 근처에서 이동하지 않을 거니까 언제든 연락 줘. 기다리고 있을게."

그 엄마는 집에 있던 것도 아니었고, 친구와 점심 식사를 하던 중이었다. 그리고 추측이지만 하원 시간이 될 때까지 나 때문에 다른 장소로 이동하지도 못한 듯 보였다. 다행히 근처에 사는 시누이와 연락이 닿아, 그 엄마가 약속을 급히 끝내고 우리 아이를 픽업을 하는 미안한 일은 발생하지 않았다. 그러나 나는 여전히 그날의 호의가 마음 깊이 남아 있다. 자신의 약속까지 제쳐두며 우리 아이를 데려와주겠다는 그 말이 얼마나 고마웠는지. 아마도 아이를 제시간에 데려오지 못할까봐 걱정하던 나의 마음을, 같은 엄마이기에 이해할 수 있었을 것이다.

첫째가 밥을 잘 안 먹어 너무 힘들어하자 반찬을 만들어 온 엄마가 있었다. 둘째를 임신한 당시 오랜 변비로 고생을 하자 직접 우리 경비실까지 찾아와 변비에 좋다는 것들을 놓고 간 엄마도 있었다. 이러한 작지만 큰 배려가 나의 육아 생활을 버티게 해주었다. 가끔씩 이곳의 엄마들은 나와는 전혀 다른 세상에 산다고 생각되어, 멀게만 느껴질 때가 있다. 하지만 또 결국엔 내가 가장 힘들 때, 옆에서 가장 큰 위로를 해줄 수 있는 가장 가까운 친구들이기도 했다. 그렇게 나는 엄마들과의 멀고도 가까운 관계를 유지하고 있다.

대기 없이 유치원에 입학하는 방법,
압구정 엄마들의 인맥

우리나라는 학연, 지연, 혈연 등의 인맥이 중요하다. 실제로 인맥을 활용해 다양한 이득을 보는 사람이 꽤 많은 것도 사실이다. 그리고 이곳, 압구정도 결코 인맥의 영향력을 피해갈 수 없는 곳이다.

앞서 말했지만, 압구정에는 대를 이어 사는 사람들이 많기 때문에, 이미 이웃 간에 서로 알고 지내는 경우가 많다. 또한 경제적 여유가 있는 압구정의 부모들은 자녀를 해외로 유학 보내는 경우가 많은데, 유학생들 간에는 서로 모르기가 더 어렵다고 한다. 우물 안 개구리가 되기 싫어 유학을 가서는, 더 좁은 우물에서 살다온다는 말이 있을 정도이다.

이렇게 여러 가지 인연으로 만나 형성된 인맥은, 이 동네에서 살아가며 서로에게 큰 힘이 되어준다. 대표적으로 엄마들의 인맥이 힘을 발휘하는 분야는 바로 사교육 시장이다. 놀이학교를 비롯해 영어 유치원, 예체능 학원까지 특히나 영유아를 대상으로 하는 사교육은 인맥의 영향을 많이 받는다.

최근에 A엄마가 개인적인 사정으로 아이가 다니던 기관을 옮겼다. 하지만 이 동네 영어 유치원이 대부분 그렇듯, 괜찮다고 알려진 원들은 대기를 해야 하는 상황이었다. 대기가 언제 빠질지도 모르는 상황에 그 엄마는 이리저리 방법을 찾고 있었다. 그러던 중, B엄마가 최근에 본인의 아이를 대기 없이 유명 영어 유치원에 보낸 것이 생각났다. B엄마는 그 영어 유치원의 대표와 친분이 있었기 때문이다. 영어 유치원을 찾던 A엄마는 B엄마에게 부탁을 했고, 비록 건너 건너 지인이지만 정말로 대기 없이 아이를 입학시킬 수 있었다. 엄마들의 인맥이 빛을 발하는 순간이었다.

대기를 걸고 기다리던 아이들과 엄마들에게는 불쾌한 소식일 수 있지만, 사실 이런 일은 이 동네에서 꽤 흔하다. 원장과의 친분까지는 아니어도, 보내고자 하는 원에 지인의 아이가 다니고 있을 경우 우선적으로 입학할 수 있는 곳은 아주 많다. 어떤 곳은 지인의 소개로 오는 엄마들에게는 우선적으로 입학 설명회를 진행해주기도 한다. 물론 이런 식의 운영 방식은 놀이학교나 영어 유치원과 같은 영유아기의 아이들을 대상으로, 개인이 운영하는 사교육 기관에서 많이 보인다. 일단 개인이 운영하기 때문에 학생을 선발하는 공식적인 지침이 없다. 만약 국공립 어린이집에서 지인의 아이라고 입학 우선권을 줬다면 뉴스에 나올 일이다. 또한 아이들이 너무 어려 학생을 선발하는 기준이 명확하지 않은 것도 이유 중의 하나이다. 초등학교 학원만 되어도 객관적인 점수를 기준으로 아이들을 선발하지만, 영유아기의 아이들은 명확한 기준을 정하기 애매한 경우가 많다.

그러나 무엇보다도 이러한 운영 방식이 유지되는 가장 큰 이유는, 대부분의 학부모들이 그것을 수용하고, 나아가 그로 인해 득을 보기 때문일 것이다. 한마디로 '지인 추천'으로 설명되는 이러한 입학 방식은, 서로의 신분을 보장해주는 역할을 한다. 애초부터 대부분이 지인들로 구성된 원에서 그들만의 리그를 형성한다. 그렇게 아무나 쉽게 접근할 수 없는 곳에 들어온 사람들에게는 자연스레 소속감과 자부심이 생긴다. 이렇듯 압구정의 엄마들은 인맥으로 들어온 곳에서 더 넓고 공고한 인맥을 만든다.

상황이 이러니 많은 엄마들이 아이들에게 좋은 인맥을 만들어주고 싶어 하는 것도 당연하다. 심지어는 강남 학군지에서 아이를 키우는 이유 중의 하나로, 아이들의 인맥을 이야기하는 사람이 있을 정도다. 우리 어른들은 이미 세상을 살아가며 인맥으로 혜택을 누려도 봤고 불이익도 당해봤기 때문이다. 우리 아이가 좀 더 수월하게 세상을 살아갈 수 있도록, 미리부터 인맥을 만들어주고 싶은 마음이 왜 들지 않겠는가.

얼마 전 아이가 동네 축구 교실을 지나가다 축구를 해보고 싶다고 말했다. 나도 곧 5살이 되는 첫째에게 운동을 시키고 싶은 마음이 있던 터라, 주변의 축구 교실에 전화를 했다. 하지만 어디나 선호하는 요일과 시간대는 마감되어, 대기만 6개월이 걸린다는 답변을 받았다. 아쉬웠지만 어쩔 수 없는 일이었다. 그때 문득 최근에 아는 엄마가 아이를 축구 교실에 보냈다는 이야기가 생각이 났다. 심지어 내가 원하던 요일과 시간대였다. 물어보니 팀을 만든 엄마와의 친분으로, 한 명이 빠진 자리에 '대기 없이' 들어갈 수 있었다는 것이다.

아마 앞으로도 이렇게 '정직히' 기다린다면, 축구 교실에 아이와 함께 가기까지 6개월은 넘게 걸릴 것이다. 과연 나는 기다려야 할까, 축구 교실에 다니는 그 엄마의 인맥을 활용해야 할까?

부자들은 건강을 운에 맡기지 않는다

　부자들은 건강 관리를 열심히 한다. 부자들은 건강하지 않다면 아무리 많은 재산도 아무 의미가 없다는 것을 잘 안다. 또한 돈으로도 건강은 결코 살 수 없다는 것을 안다. 그래서 건강을 잃기 전에 미리 건강을 관리를 한다. 건강해야 더 오래 더 많이 돈을 벌고, 더 오래 돈을 쓸 수 있다.

　마찬가지의 이유로 압구정의 엄마들도 본인과 가족들의 건강을 열심히 챙긴다. 우선 엄마들이 건강을 관리하는 가장 기본적인 방법은 '건강 검진'이다. 대부분의 사람들은 나이가 많이 들고 몸의 곳곳에서 아픈 신호가 오면, 그제야 큰 병원에 가서 종합적인 검사를 한다. 그리고 그때가 되면 이미 몸에 문제가 있는 경우가 태반이다. 그러나 이곳 사람들은 30대 초반부터 매년 고가의 종합 검진을 받는다. 결코 적지 않은 돈이지만, 건강을 확인하고 질병을 예방하는 데 쓰는 돈은 아무리 큰돈도 아깝지 않다.

또한 운동을 꾸준히 하려고 노력한다. 운동을 좋아하지 않는 사람도, 꾸준히 할 수 있는 운동을 찾는다. 동네 엄마들은 보통 필라테스나 PT를 하는데, 비싸지만 효과가 좋은 일대일 수업을 듣는 경우가 많다. 골프는 물론 이 동네에서 가장 즐겨 하는 운동이기도 하지만, 운동보다는 친목 유지의 수단인 경우가 많다. 그리고 이렇게 돈과 시간을 투자해서 운동을 하는 것은 생각보다 쉬운 일이 아니다. 실제로 연년생 남매를 기르느라 삶의 여유가 전혀 없는 나는, 꾸준히 운동을 다닐 엄두를 못 내고 있다.

둘째를 낳고는 이대로는 안 되겠다는 생각에, 마음에 맞는 운동을 찾아 꾸준히 해보려고도 했었다. 하지만 실상은 주 2회, 한 달이면 고작 8회의 수업을, 반도 채 못 나가고 그만두게 되었다. 운동을 반밖에 못 나간 이유는 다양했지만, 원인 제공자는 모두 같았다. 아이가 감기에 걸려서 어린이집에 안 가니 나도 운동을 갈 수 없었고, 아이가 늦장을 부려 어린이집에 지각을 한 날에는 이미 운동 시간이 지나 있기도 했다. 또 언젠가는 운동을 가는 전날 밤, 아이가 밤새 이앓이를 하는 바람에 거의 잠을 못 잔 날도 있었다. 당연히 운동은 못 갔다. 오후 육아를 위해 집에서 잠이나 자는 수밖에.

마지막으로 엄마들은 '식(食)'을 통해 건강을 관리한다. 대부분이 건강한 식사는 물론이고, 영양제나 비타민을 필수적으로 먹는다. 특히나 성장기 아이들에게 먹는 것은 중요하다. 그래서 동네 엄마들과 수다를 떨 때면, 아이들의 음식에 대한 이야기가 빠지지 않는다. 많은 엄마들이 아이들의 요리 재료를 구매하는 것부터 심혈을 기울이는데, 보통은 유기농이나 제철 재료를 사용한다. 또한 성장기이므로 매일 고기나 생선과 같은 단백질을 충분히 섭취할 수 있게 한다. 편식을 예방하기 위해 다양한 야채를 먹을 수 있는 기회를 마련하고, 간식은 될 수 있으면 과일이나 요거트, 견과류 같은 건강한 것들을 먹게 한다. 심지어 어떤 엄마는 아이가 다니는 기관의 식단표를 붙여놓고, 겹치지 않는 음식을 주려고 노력하는 열정까지 보인다.

간혹 동네 엄마 집에 아이와 함께 놀러 가면, 엄마들은 배달 음식을 시켜 먹어도 아이들은 집밥을 먹는 경우가 많다. 이곳에서는 어린아이들에게만큼은 집밥을 대접하는 것이 엄마들에 대한 일종의 배려이자 예의이다. 사실 나만 해도 아이가 36개월까지는 배달 음식을 거의 먹인 적이 없었기 때문에 그런 배려가 참 고마웠다. 물론 간식 또한 언제나 과일이나 요거트처럼 건강한 간식을 준다.

물론 몸에 안 좋은 음식 한두 번 먹는다고 큰 문제가 생기지 않는다는 것은, 나를 비롯한 이 동네 엄마들도 알고 있다. 그래서 누군가는 이런 모습을 보고 '유난이다'라고 생각할 수도 있다. 그러나 아이들은 한번 자극적인 맛을 보면, 결코 한 번으로 끝나지 않는다. 계속해서 그 맛을 원하고 찾고, 덜 자극적인 맛은 맛있게 느끼지 못한다.

식사 이외에도 영양제, 비타민, 한약 같은 건강 보조 식품을 꾸준히 먹는다. 사실 음식으로 모든 영양소를 채울 수 있다면 좋겠지만, 현대인들은 그것이 쉽지 않다. 그래서 어른도 아이도 각자 3~4개의 보조 식품은 기본으로 먹는다. 우리 아이만 해도 유산균, 종합 비타민, 비타민 D 이렇게 3가지를 기본으로 먹고 있다. 심지어 이 동네에서 가장 인기 있는 유아 영양제는 한 달에 약 10만 원으로 꽤나 부담스러운 가격이지만 엄마들은 개의치 않는다.

이곳의 사람들은 건강 관리를 이렇게나 철저히, 그리고 꾸준히 한다. 돈이 많으니 건강 검진도, 운동도, 음식도, 영양제도 가장 좋은 것으로 할 수 있다. 그래서 부자는 상대적으로 건강을 챙기기 수월하다. 그렇다면 대부분의 사람들은 어떨까? 제때 충분히 건강을 챙기지 못해 아프기 쉽다.

결혼을 앞두고 우리 엄마가 암에 걸렸다. 우리 집은 여느 평범한 집과 다르지 않았다. 엄마는 빠듯한 살림에 두 자식을 키우느라 40이 넘도록 제대로 된 종합 건강 검진 한번 못 했고, 균형 잡힌 건강한 식사는커녕 자식과 남편의 식사를 챙겨주느라 제대로 식사를 하지 못한 날도 많았다. 비싼 고급 영양제도 못 먹었고, 꾸준히 하는 운동도 없었다. 근 60년을 그리 살았으니, 엄마가 아프지 않다면 이상할 일이었다.

그래서 이곳에 살며, 돈과 시간을 아끼지 않고 열심히 건강 관리를 하는 젊은 엄마들을 보면서 오래도록 슬펐던 것 같다. 서울

대학교 병원의 한 의사는 이렇게 말했다. 죽음은 평등하지만, 죽음까지의 과정은 결코 평범하지 않다고. 우리 엄마는 대부분의 사람들이 그렇듯 먹고 살기 바빠서 본인의 건강을 돌보지 못했을 뿐이지만, 건강 관리를 열심히 못 한 대가는 혹독했다. 그래서 나는 이곳에 살며 건강 관리를 열심히 하려고 노력한다. 누구보다 운동을 싫어하지만 어떻게든 운동을 하고, 건강한 식사를 하려고 없는 솜씨에 요리를 만든다. 약국을 제집처럼 드나들며 영양제를 챙기고, 작년에도 했지만 올해도 건강 검진을 받는다.

나는 비록 부자는 아니지만, 건강만큼은 부자보다 더 철저히 지키고 싶다.

제9장

육아에서
돈으로 살 수 있는 것들

부모는 누구나 내 아이에게
가장 좋은 것을 주고 싶다

육아를 하다 보면 돈이 얼마나 중요한지 깨닫게 된다. 아이를 키우면서 돈이 중요한 가장 첫 번째 이유는 대부분의 부모는 아이에게 가장 좋은 것을 해주고 싶어하기 때문이다.

출산이 임박하면 신생아를 위한 다양한 용품을 구매해야 한다. 그런데 대부분의 예비 엄마, 아빠들도 아기 용품은 처음이라, 하나부터 열까지 찾아보고 비교를 한다. 요즘은 예전과 다르게 인터넷이 발달되고 SNS가 활발한 시대이니, 무엇이 가장 좋은 제품인지 금방 알아낼 수 있다. 그리고 대부분의 부모는 여기서부터 갈등을 시작한다. 비록 나는 가장 좋은 차를 타고 다니지는 못하지만, 내 아이의 첫 유모차만큼은 가장 좋은 것을 사주고 싶어진다. 불행인지 다행인지, 유아 용품의 고가 라인은 무리를 하면 살 수 있을 정도의 가격일 때도 많다. 아무리 무리를 해도 시중의 가장 좋은 차를 살 수는 없겠지만, 몇 달만 허리띠를 졸라매면 시중에서 가장 좋다는 유모차를 살 수 있다. 실제로 대부분의 육아 용품은 저가 라인과 고가 라인의 가격 차가 성인들의 제품만큼 크지는 않다. 부모들은 무리하고 싶은 마음을 억누를 길이 없어진다.

누군가는 분수에 맞지 않은 행동이라 비난할지 모른다. 하지만 내가 부모가 되어 보니 이 마음이 누구보다 이해된다. 실제로 나 또한 첫째를 기를 때는, 무리해서라도 좋은 것들을 사주려고 했던 것 같다. 그리고 기업들은 또 이런 부모의 마음을 어찌나 잘 아는지, 기어코 각종 육아 용품에서 프리미엄 라인을 만들어낸다. 물론 비싼 것이 항상 좋은 것은 아니다. 그러나 또 세상에는 싸고 좋은 것도 별로 없다. 대부분 가격이 올라갈수록 품질이 올라가는 것은 시장의 이치이다.

매년 한두 번씩 터지는 유아 용품 유해 물질 기사를 살펴보면, 결국 대부분은 저가 제품에서 문제가 발생한다. 얼마 전에는 다이소의 아기 욕조에서 유해 물질이 검출되어 문제가 생겼었다. 가격은 5,000원으로, 아기 욕조 중에서 가성비가 좋은 제품으로 유명했다. 하지만 결국 이런 문제가 터지면 죄책감은 고스란히 엄마의 몫이다. 물론 간혹 비싼 육아 용품에서도 유해 물질이 검출되기도 한다. 하지만 죄책감의 강도는 달라진다. 비싼 것을 사주고도 문제가 생기면 엄마는 업체 탓을 할 수 있지만, 싼 것을 사고 문제가 생기면 엄마는 자기 탓을 하게 된다.

언젠가 첫째를 키우며 기저귀 값을 아껴 보고자 원래 쓰던

고가의 기저귀에서 저가 라인으로 바꾼 적이 있었다. 그러니 대번에 엉덩이에 발진이 생겨버렸다. 내가 돈을 아끼려다 돌도 안 된 내 아이의 엉덩이에 발진이 나게 했다는 생각에 아이의 엉덩이를 볼 때마다 괴로웠던 기억이 있다. 기저귀의 경우 시중에 저렴한 기저귀가 장당 200원이라면, 프리미엄 라인의 기저귀는 장당 600원이 넘는다. 보통 하루에 아이가 10장의 기저귀를 사용한다면 매일 4,000원, 한 달이면 벌써 12만 원의 차이가 난다. 결코 작은 돈은 아니지만, 비싼 기저귀가 발진으로부터 내 아이의 엉덩이를 지켜준다니 어떤 엄마인들 안 사고 싶을까.

물론 언제까지나 아이에게 가장 좋은 것, 가장 비싼 것을 사줄 수는 없다. 부모도 아이가 자라다 보면 하나둘씩 포기하고 물러서게 된다. 비록 가장 좋다는 분유를 먹이며 키웠지만, 매번 유기농 식자재만 써서 먹일 수는 없다. 가장 좋다는 유모차를 사줬지만, 최고급 카시트까지는 무리일 수 있다. 처음 부모가 되며 꿈꾸던 이상과 현실이 부딪히는 순간들이 곧 찾아올 것이다. 그러나 동시에 내가 꿈꾸던 이상이 꼭 정답은 아니라는 것을 알게 되기도 할 것이다. 내 아이의 엉덩이는 원래가 예민해서 비싼 기저귀에도 발진이 날 수도 있는 일이다. 그러나 부모도 그런 것들을 알아가고 받아들이는 데 시간이 필요하다.

나는 둘째를 낳고는 더 이상 최고급에 집착하지는 않는다. 꼭 사고 싶은 고가 제품이 있으면 중고 제품을 들이기도 하고, 물려

받기도 한다. 크게 건강이나 안전에 문제가 되지 않으면 가성비 좋은 제품을 사기도 한다(그래서 가끔은 둘째에게 미안하기도 하다). 평생 가장 좋은 것만 해줄 수는 없다는 것, 아이에게는 최고급 제품보다는 부모의 사랑이 더 중요하다는 것들을 대부분의 부모들은 아이를 낳고 기르며 배워간다. 그럼에도 내 아이에게 가장 좋은 것을 주고 싶은 것은 부모의 너무나도 본능적인 마음이기에, 가끔은 현실의 벽이 야속하다.

누구나 편하게 육아하고 싶다

육아에서 돈이 중요한 두 번째 이유는, 돈은 육아의 난이도를 확 낮춰주기 때문이다. 대부분의 엄마들은 혼자서 아이를 보고 살림까지 해야 한다. 특히 아이가 어릴 때는, 하루가 어떻게 지나갔는지도 모르게 지나간다. 나 또한 첫째를 키울 때 그랬다. 아침에 일어나 아이랑 놀아주고, 아이가 잘 때면 밤에 못 잔 잠을 보충한다. 그마저도 집안일이 쌓여 있으면 집안일을 해놓고야 잠들 수 있다. 아이가 깨면 밥을 먹이고 놀아주고 씻기고의 반복이다.

첫째가 6개월 될 즈음, 계속되는 독박 육아로 유독 지친 날이었다. 평소라면 아이가 낮잠을 잘 때 점심을 먹었겠지만, 그날따라 아이는 낮잠을 자려 하지 않았다. 아침도 못 먹어 배가 고플 대로 고팠던 나는 집에 있는 컵라면 하나를 끓였다. 막 먹으려는데, 내려놓은 지 채 10분이 되기 전에 아이가 또다시 안아달라며 울었다. 너무 힘든 나머지 식탁에 앉아 아이를 안아주는데, 순간 아이가 내

앞에 있는 컵라면을 손으로 쳤다. 컵라면은 나와 내 아이에게 쏟아졌고, 아이는 뜨거운지 소리를 지르며 울고 나는 혼비백산했다. 차가운 물로 씻기고 바로 119에 전화를 했고 구급차를 타고 근처 화상 전문 병원까지 다녀왔었다. 불행 중 다행으로 아이는 큰 화상이 아니었고, 며칠 연고만 바르고 사건은 마무리되었다.

아직도 이날의 장면들이 기억 속에 생생하다. 태어난 지 6개월밖에 안 된 아이와 남겨진 6개월 차 초보 엄마. 전날 밤에도 몇 번을 깨는 통에 비몽사몽한 상태로 맞이하는 아침. 그리고 아침부터 시작되는 아이와의 전쟁 같은 하루. 이날 밤, 나는 아이를 위험에 빠뜨렸다는 죄책감과, 끝날 기미가 도무지 안 보이는 육아 전쟁에서 죄책감까지 떠안아야 하는 내 자신에 대한 연민까지 더해져 참 많이 힘들었다. 그리고 비록 이런 위험한 상황까지는 아닐지라도, 대부분의 초보 엄마들은 비슷한 상황을 마주하고 비슷한 감정을 느끼며 육아를 한다. 힘든 육아와 그 속에서 지쳐가는 엄마, 그럼에도 오롯이 혼자 감당해야 한다는 책임감과 간혹 더해지는 죄책감의 굴레에서 살아간다.

그러나 돈이 있는 사람들은 다르다. 시터나 가사 도우미를 고용할 수 있기 때문이다(부럽게도 이 동네에서는 둘 다 고용하는 경우도 많다). 이제 엄마들은 고군분투하며 혼자 아이를 돌보지 않아도 된다. 아이가 낮잠 자는 시간에 쉬지도 못하며 청소를 하고 설거지를 할 필요도 없다. 밥도 편하게 먹을 수 있고, 심지어는 누군가가 내 밥상을 차려주기도 한다. 시터와 아이를 번갈아 볼 수도 있고, 온전히 맡기고 외출할 수도 있다. 그러면 육아가 생각보다 할 만해진다. 그래서 가끔 "육아가 체질인 것 같다"거나 "생각보다 육아가 할 만하다"는 등의 이야기를 하는 동네 엄마들을 만나기도 한다.

또한 돈은 육아를 도와줄 장비도 망설임 없이 구매할 수 있게 한다. 요즘은 '육아는 장비빨'이라는 말을 내세우며 육아를 도와주는 신박한 용품이 많이 생겨나고 있다. 분유 자동 제조기부터 젖병 소독기, 기저귀 교환대 등. 그런데 육아 용품을 쓰는 시기는 짧고, 생각보다 비싸다. 신생아 시절 우리 아이는 예민한 편이라 쉽게 잠들지 않았다. 하루에 몇 시간을 안고 재우니 출산 이후 아직 회복도 안 된 몸이 더욱 망가지고 있었다. 도저히 안 되겠어서 인터넷을 찾아보니, '바운서'라는 육아 용품이 아이가 스스로 잠들 수 있게 자동으로 흔들어준다고 했다. 길어야 4개월 정도밖에 사용하지 못한다고 했지만, 나의 손목을 위해서 큰마음을 먹고 구매했다. 그러나 슬프게도 우리 아이는 그곳에서 잠들지 않았다. 당시 바운서의 가격은 자그마치 40만 원이었다.

이후부터는 육아를 도와주는 제품이라 한들 쉽게 살 수 없어졌다. 아이는 그냥 안고 재울 수밖에. 그러나 물론 여기서도 돈이 많은 사람들은 예외다. 일단 사보고 안 맞으면 당근마켓에서 팔면 된다. 하지만 한두 번만 사용해도, 일단 새 제품이 아니면 많아야

정가의 3분의 2, 대부분은 반 정도의 가격으로 쳐주는 것이 중고 시장이다. 한두 번의 사용으로 이 정도의 감가를 감당할 수 있는 사람이 얼마나 되겠는가.

　엄마들은 누구나 편하게 육아하고 싶다. 그러나 육아를 도와줄 시터를 고용하고, 육아를 수월하게 해줄 용품을 구매하는 일, 모두 돈이 필요하다.

그럼에도 육아에는
돈으로 살 수 없는 것이 있다

　내 아이에게 가장 좋은 것만 주고 싶은 부모의 마음도, 육아가 서툴고 버거운 초보 부모의 마음도 모두 돈이라는 현실 앞에 부딪힌다. 돈이 많다면 육아의 모든 어려움이 해결될 것만 같다.

　그러니 요즘 사람들은 아이를 낳지 않으려 한다. 주변에서 아이를 '원하는 대로' 키우는 데 돈이 얼마나 많이 드는지 익히 들었기 때문이다. 또한 아이를 키우며 얼마나 자신을 '희생해야 하는지' 들었기 때문이다.

　같은 이유로 이 동네 사람들은 아이를 많이 낳는다. 본인들이 '원하는 대로' 키울 경제적 여력이 되기 때문이다. 아이를 낳은 만큼 어느 정도의 희생은 감수해야 하지만, 그래도 상대적으로 육아를 수월하게 할 수 있기 때문이다. 현재 한국의 출산율이 가임 여성 1명당 0.83명으로 역대 최저라는데, 이 동네는 다른 세상인 것만 같다. 일단 결혼을 한 여자라면 대부분 아이 두 명은 낳고, 아이가

3명인 집도 심심치 않게 볼 수 있다. 실제 동네에서 친한 엄마 중에 아이를 하나만 낳은 경우는 두 집뿐이다. 심지어 그 남은 두 집 또한 앞으로 둘째를 계획하고 있다.

사실 육아에 있어서 돈은 근본적으로는 엄마에게 시간과 여유를 준다. 가사 도우미나 시터를 쓰는 것은 표면적으로는 엄마의 육아와 가사를 도와주는 것이지만, 근본적으로는 엄마에게 자유롭게 사용할 수 있는 시간을 주는 것과 같다. 앞서 말했듯 대부분의 엄마들은 아이가 태어나면 엄마의 시간이 사라진다. 모든 시간이 아이 위주로 돌아가고, 이전에는 당연했던 일상들이 멀게만 느껴진다. 하지만 나 대신 아이를 봐주고 집안일을 해줄 사람이 있다면 이야기는 달라진다. 엄마는 여유가 생기고 나만을 위한 시간을 사용할 수 있다.

그러나 돈은 엄마에게 시간을 줄 수 있지만, 아이와 함께하는 시간을 줄 수는 없다. 오히려 돈은 엄마와 함께하는 시간을 줄어들게 만들기도 한다. 이유는 다양하다. 돈을 들여 시터를 고용하면, 아이는 시터와 함께하는 시간이 늘어난다. 시터를 고용한 엄마는 친구도 만날 테고 취미 생활도 할 것이다. 또한 엄마들은 아이들에게 다양한 기회를 준다는 명목 하에 많은 돈을 들여 온갖 학원을 보낸다. 그러나 정작 엄마와 함께할 기회는 주지 않는다.

나는 육아 휴직을 오래했다. 아직 어린아이가 둘인데, 전담해서 봐줄 사람이 없기 때문이었다. 물론 휴직을 오래할 수 있는 것 자체는 감사한 일이었지만, 나는 외향적인 성격과 욕심이 많은 탓에 복직을 빨리하고 싶기도 했다. 하지만 사실 정말 복직을 원했다면, 내 월급으로 시터를 쓰면 해결될 일이었다. 그럼에도 여러 핑계를 대며 휴직을 계속해서 연장했던 가장 큰 이유는, 하루가 다르게 크는 아이의 매순간을 놓치고 싶지 않았기 때문이다. 그렇게 나는 돈으로 나의 시간을 사는 대신, 아이와 함께하는 시간을 선택했다(물론 많은 엄마들이 아이와 함께하고 싶어도 여러 사정상 그럴 수 없는 경우도 많다는 것을 알고, 그 안타까운 마음을 충분히 이해한다).

나는 아이의 모든 첫 순간을 함께할 수 있었다. 아이가 처음으로 뒤집던 날, 처음으로 한 발짝을 내딛던 날, 처음으로 '엄마'라며 말하던 날 모두. 그리고 엄마가 아니라면 그냥 지나쳤을, 엄마이기 때문에 기억할 수 있는 순간들을 함께했다.

첫째가 돌 무렵이었다. 날씨가 너무 좋아 아이와 산책을 나갔다. 바람에 휘날려 꽃잎이 떨어지는데, 걸음마를 막 시작한 나의 아기는 뒤뚱거리며 바닥에 떨어진 꽃잎을 계속해서 주웠다. 그러고는 자신이 타고 온 붕붕카에 그 꽃잎을 붙인다. 바람은 계속 불고 얄궂게도 꽃잎은 계속 떨어졌다. 계속 떨어져도 계속 붙이려는 아이의 모습이 지금도 눈에 선명하다. 소소하지만 벅찬 마음을 주체할 수 없어 몰래 눈물을 훔치던 순간이었다.

아이는 가장 비싸고 좋은 유모차를 타던 순간은 기억하지 못할지언정, 부모와 함께하며 행복했던 감정은 분명 가슴으로 기억할 수 있다. 시터가 없는 엄마는 어쩌면 1년에 친구 한번 만나는 것도 힘들겠지만, 분명 아이와의 추억은 쌓여갈 것이다.

나는 부모와 아이가 함께 보내는 시간의 힘을 믿는다. 아이들과 시간을 함께 보낸다는 것은 단지 아이와 같은 시간, 같은 공간에 머문다는 것만을 의미하지 않는다. 아이들은 부모와 시간을 함께 하며 감정을 공유한다. 안정감을 느끼고 사랑받는다고 느낀다. 이러한 과정 속에서 아이들은 부모와의 애착이, 평생의 정서가 형성된다.

육아를 하며 돈은 분명 중요하지만, 아이와 함께하는 시간보다 중요한 것은 없다. 아이에게 가장 좋은 것을 해주지 못하는 부모도, 여유가 없어 늘 허덕이는 부모도 괜찮다. 하루 종일 힘들게 일하고 저녁이 되어야 돌아와서는, 지친 내색 없이 최선을 다해 아이와 놀아주는 1시간, 아이가 어린이집에 가 있는 사이 쌓여 있는 집안일을 서둘러 끝내고, 집에 온 아이와 손을 잡고 함께 산책하는 1시간, 이 시간들에 녹아 있는 사랑을 아이들은 느낄 것이다. 그러니 아이를 위해 본인의 시간을 기꺼이 내어줄 준비가 되어 있는 부모라면, 누구든 육아에 있어서 돈보다 중요한 무기를 가진 셈이다.

흘러간 시간은 돌아오지 않는다. 게다가 아이들의 시간은 빨리도 지나간다. 누군가 아이들의 하루는 성인의 1년과도 같다 했다. 그만큼 하루가 다르게 몸도 마음도 쑥쑥 자란다. 그러니 부모는 아이들의 하루하루를 허투루 흘려보내서는 안 된다.

압구정의 당근마켓 활용 Tip

혹시 압구정이나 청담 쪽에 들릴 일이 있다면, 당근마켓 어플을 켜서 위치를 인증하자. 당근마켓은 지역 기반 어플이기 때문에 반드시 해당 지역의 중고 물품을 보려면 그 지역에서 인증을 거쳐야 한다. 이 근방에서 당근마켓을 켜보면 다양한 고급 육아 용품이 넘쳐난다. 심지어 고급 제품이지만 이 동네에는 매물이 많기 때문에, 다른 지역보다 저렴한 가격에 팔리고 있다.

나는 이 동네에 살고 있으나 이 동네의 다른 엄마들만큼 자주 비싼 육아 용품을 사줄 형편은 되지 못한다. 그래서 나는 꼭 사고 싶지만 부담이 되는 제품이 있을 때는 당근마켓을 활용한다. 당근마켓을 잘 살펴보면 몇 번 사용하지 않은 육아 용품이 넘쳐난다. 간혹 구매해놓고 사용하지 않아 새 상품이나 마찬가지인 것도 올라온다. 게다가 육아 용품은 특히나 사용 기간이 짧기 때문에 중고 제품을 쓰기 더욱 좋다.

나는 특히나 둘째를 낳은 이후 당근마켓을 많이 활용했다. 가장 만족한 구매 제품으로는 연년생 아이들을 위한 2인용 유모차나, 둘째의 식탁 의자가 있었다. 꽤 좋은 브랜드의 제품을 반도 안 되는 가격에 구매했으니, 엄청난 이득이었다. 이외에도 책, 장난감,

옷 등 다양한 제품을 구매했었고, 대부분은 만족했다. 다만 너무 사고 싶은 것이 많아 충동 구매할 수 있으니 주의하도록!

압구정의 슬기로운 코로나 생활

코로나는 우리 모두의 삶을 변화시켰다. 코로나 이전에는 평범한 일상이던 것들을 더 이상 누릴 수 없게 되었고, 언제 다시 일상으로 돌아갈 수 있을지 기약도 없다.

변화된 일상은 우리 모두를 불편하고 불안하게 하지만, 그럼에도 가장 안쓰러운 사람을 꼽으라면 바로 아이들이다. 어른도 너무 더워 숨을 쉬기 힘든 여름날에, 아이들은 마스크를 쓰고 등·하원을 해야 했다. 등원을 해서도 밥을 먹고 낮잠을 자는 시간 외에는 온종일 마스크를 쓰고 있느라 얼굴에 땀띠가 생긴 아이도 있었다. 친구랑 노는 게 제일 재밌을 나이에, 밥을 먹을 때도 쉬는 시간에도 옆의 친구와 이야기할 수 없다. 심지어 아주 어린아이들은 마스크를 써야만 밖에 나갈 수 있다고 생각하기도 한다.

그래도 사람은 적응의 동물인지라, 코로나가 확산된 지 1년이 넘어가니 사람들은 코로나를 대응하는 나름의 방안을 마련하고 있다. 특히나 강남 지역은 코로나 확진자가 계속해서 늘어나는 바람에 4단계가 꽤 오래 유지되었다. 과연 압구정의 부모들과 아이들은 전례 없는 이 혼란을 어떤 방법으로 슬기롭게 극복하고 있을까?

일단 아예 해외로 이민을 가거나 예정된 유학을 앞당긴 집들이 생기고 있다. 해외라고 코로나에 안전한 것은 아니지만, 언제 끝날지 모르는 엄격한 한국의 방역 지침에 지쳐 떠나는 것이다. 실제로 친한 지인 중에 아이들과 해외로 이민을 간 사람이 있는데, 가끔 SNS에 아이들의 모습을 올린다. 마스크 없이 자유롭게 뛰어다니는 모습을 보면, 나도 훌쩍 떠나고 싶다. 해외로 간 아이들은 코로나 이전의 삶으로 돌아간 것만 같다.

해외로 거주지를 옮기지 못하는 경우에는, 방역 수칙이 상대적으로 덜 엄격한 도시로 잠시 이사하는 경우도 있다. 강남의 집은 세를 주고, 인적이 드문 시골의 집을 구매하거나 임대하는 것이다. 기관의 반복되는 휴원으로 지친 엄마들, 급증하는 수도권 코로나 확진자 수로 불안한 엄마들에게 지방 소도시가 피난처의 역할을 하고 있다.

그러나 사실 대부분은 거주지 자체를 옮기기보다는, 주말이나 휴일을 이용해 외곽에 있는 별장이나 리조트로 여행을 가는 경우가 가장 많다. 코로나 때문에 마음 편히 놀고 쉴 수 있는 곳을 찾기 힘든 요즘 같은 상황에서, 외곽에 있는 개인 주택이나 회원권제 프라이빗 리조트는 꽤나 좋은 선택지가 되고 있다. 물론 이 동네의 엄마들의 반 이상은 외곽의 별장이나 회원권제 리조트를 갖고 있기 때문에 가능한 일이다.

뿐만 아니라 압구정에서는 코로나 이전에도 이미 많이 진행하고 있던 소규모 수업들이 더욱 증가하고 있다. 예를 들어 거리 두기 4단계 당시, 백화점에서 진행하던 문화 센터 수업은 폐강되었지만, 소규모 센터 수업은 여전히 진행되었다. 또한 엄마들은 가끔 키즈 카페를 통째로 대관하기도 한다. 모르는 사람들과 섞여서 노는 것이 불안한 엄마들이 생각보다 많이 선택하는 방법이다. 2시간을 대관하는 데 적게는 30만 원에서 많게는 50만 원까지도 들지만, 이조차 예약을 못해서 항상 대기가 있다.

소규모 수업도, 키즈 카페 대관도 모두 큰 비용이 들지만, 이곳의 부모들에게는 큰 문제가 되지 않는다. 이곳 엄마들에게 가장 큰 문제는 기나긴 코로나 생활로 아이들이 겪는 답답함과 지루함일 뿐이다. 코로나라는 국가적 위기의 상황에서도 역시나 돈은 빛을 발한다. 그렇게 압구정의 엄마들은 꽤 슬기롭게 코로나를 겪어 내고 있다.

제10장

아이가 하고 싶은 말,
엄마가 하고 싶은 말

우리는 나중에 행복할 거니까
지금은 행복하지 않아도 되나요?

아는 언니가 이민을 간다는 소식을 들었다. 이미 초등학생 아이들이 있고 얼마 전 늦둥이를 낳은 언니였다. 갑작스러운 소식에 이유를 물으니 한국에서 아이를 키우는 것이 너무 지친다고 했다. 한국에서는 아이의 성적이 엄마의 성적이 된다고. 그래서 공부를 그다지 잘하지 못하는 아이를 키우는 엄마가 된 언니는, 어디를 가나 스스로 위축된다고 했다. 내가 내 돈 주고 우리 애 학원 좀 보내겠다는데 흔쾌히 받아주는 곳이 없는 것도, 초등학교 입학 전이면 전쟁처럼 치러야 하는 학원 레벨 테스트도 이제는 지긋지긋하다 했다.

나는 아이를 초등학생 정도까지만 키워 놓으면 조금은 수월해질 거라 생각했던 적이 있었다. 하지만 그렇지 않다는 것을 누구보다 잘 아는 언니는 고작 3살이 된 막둥이를 보며, 앞으로 다시 겪을 수 많은 일들을 생각하니 아찔했을 것이다. 3살에는 A놀이학교, 5살이면 B영어 유치원, 8살이면 대치동의 빅3 학원을 보내야만 한다. 그리고 그 과정을 위해서는 수많은 사교육과 테스트를 거쳐야만 한다. 물론 이제 겨우 기나긴 레이스의 시작일 뿐이다.

그 언니를 만나고 돌아오는 길에, 자리를 함께한 다른 언니에게 내가 물었다. "이 동네는 왜 이렇게까지 교육을 시키는 걸까요?" 그 언니는 망설이다가 말했다. "나중에 아이들이 잘됐으면 좋겠어서 아닐까. 내 아이가 성공해서 행복했으면 하니까." 곰곰이 생각하니 그렇다. 결국엔 우리 모두 같은 부모였다. 걸어가는 길이 다를 뿐 아이가 잘됐으면 좋겠는 마음은 같았다. 유치원에서 돌아오자마자 놀고 싶어 하는 아이를 어르고 달래며 학원을 보내고 자기 전까지 숙제를 시키는 이유는, 결국엔 아이가 잘됐으면 좋겠다는 부모의 마음에서 출발하는 것이었다.

그런데 나는 또 다른 의문이 들었다. 아이들은 '나중에' 행복할 것이니 지금은 덜 행복해도 되는 걸까? 그리고 이렇게 지금의 행복을 포기한 아이들은 반드시 나중에는 행복할 것이라고 확신할 수 있을까? 나는 행복은 결코 미룰 수 없는 것이라 생각한다. 오늘 충분히 행복한 사람만이 내일도 행복할 수 있다. 영유아기는 특히나 그 시기가 아니면 누릴 수 없는 것들이 많다. 그 모든 것들을 포기시킬 만큼 영유아기의 학습이 중요한 것일까.

물론 살면서 나중을 위해 지금은 조금 참고 버텨야 하는 순간도 분명 있다. 그러나 나중의 행복을 위해 현재를 포기할 수 있는 사람은, 적어도 스스로 그것을 선택할 만큼 성숙한 사람이어야만 한다고 생각한다. 지금 누려야 할 행복을 스스로 포기하기에 유아기의 아이들은 너무 어리다. 중학생, 고등학생이 되어 스스로 목표가 생기고, 그 목표를 이루기 위해 어려움을 감수할 수 있다는 의지가 생길 때까지 어른들은 기다려주어야 한다.

지금 여기서 충분히 행복할 것. 이것이 내가 유아기 아이를 키우는 데 있어서 가장 중요하게 생각하는 원칙이다.

화창한 주말, 집 근처 한강 공원에 아이들과 놀러 나갔다. 5살쯤 되어 보이는 아이가 엄마에게 혼나며 영어 숙제를 하고 있었다. 아이는 거의 울먹이고, 엄마는 이 숙제를 다해야 놀 수 있다며 으름장을 놓고 있었다. 화창한 날 햇빛이 반사한 강물이 반짝이는 한강 공원에서, 5살의 아이는 무슨 생각을 했을까. 모두가 뛰어노는 한강에서 주말에도 숙제를 하며, 미래의 행복을 위한 일이니 괜찮다 생각했을까.

엄마, 우리는 말은 할 줄 알지만
아직 마음을 표현하기는 어려워요

나는 종종 우리 집의 CCTV를 돌려본다. 내가 CCTV를 돌려보기 시작한 계기가 된 사건이 있었다.

그날은 아침부터 여러 일이 꼬이던 터라 기분이 좋지 않았다. 그런데 아이가 산 지 얼마 안 된 비싼 전집에, 내가 마시던 커피를 부었다. 당연히 나는 화가 나서 한참 혼을 냈고, 아이는 슬픈 얼굴을 한 채 내가 하는 말을 가만히 듣고만 있었다.

한참을 커피가 묻은 책을 닦다가, 아이의 슬픈 표정이 문득 생각났다. 그리고 거실의 CCTV를 봐야겠다는 생각이 들었다. CCTV 속의 아이는 자기 책상에 놓인 커다란 커피 컵을 그 조그만 손으로 조심조심 옮기고 있었다. 아이는 그 어느 때보다 신중했고 조심스러웠다. 그러다 꽤나 무거웠던 컵이 아이의 손에서 떨어졌고, 책장이 커피로 흥건해졌던 것이다. 제3자가 되어 그 장면을 보니 아이는 잘못한 것이 없었다. 오히려 잘못한 사람은 아이가 놀아야 하는 책상에 커피 잔을 둔 나였다.

하지만 아이는 내가 혼을 낼 때도 슬픈 표정만 지을 뿐 변명을 할 줄 몰랐고, 그 후에도 화가 풀리지 않은 나에게 먼저 다가와 소꿉놀이를 하자며 먼저 웃어주었다.

그날 나는 생각했다. 아이들은 얼마나 많은 순간 부당한 것들을 말하지 못하고 넘어가는가. 좀 더 근본적으로는 얼마나 많은 순간 자신의 마음을 표현하지 못하고 넘어가는가. 그리고 자신의 마음을 다치게 한 사람을, 단지 부모라는 이유로 얼마나 쉽게 용서하는가.

아이들은 4살 정도가 되면 대부분 말을 잘한다. 어른들과의 의사소통에도 큰 문제가 없다. 그럼에도 아직 어린아이들에게 자신의 '진짜 마음'을 표현하는 것은 어려운 일이다. 억울함, 속상함, 서운함, 슬픔 등의 마음들을 표현하기엔 아이들이 아직 어리기 때문이다. 그래서 부모는 아이의 마음을 읽어줄 수 있어야 한다. 말하지 못하는 아이들의 마음을 읽으려 노력해야 한다.

마음을 표현하는 데 서툰 아이들은, 신기하게도 소중한 사람의 마음은 참 잘 읽는다. 특히 가장 사랑하는 부모의 마음은 누구보다 쉽게 읽는다. 엄마의 말투와 표정에서, 간간이 내쉬는 한숨에서조차 마음을 읽어내고야 만다. 그런데 왜 정작 부모들은 아이들의 마음을 읽어주지 않는가.

그날 이후로 나는 언제나 말하지 못하는 아이의 마음을 읽으려 노력한다. 괜찮다 했지만 괜찮지 않을 수 있음을, 말하지 않았지만 하고 싶은 말이 있을 수 있음을 늘 염두에 둔다. 왜냐하면 나는 누구보다 아이의 마음에 귀를 기울여야 하는 엄마이기 때문이다.

그래서 나는 오늘도 CCTV 속의 나와 아이의 하루를 들여다본다. 그러면 저 때 저렇게까지 혼내지 않아도 됐을 텐데, 저 때 아이가 좀 속상했겠구나, 라는 생각이 든다. 가끔은 제3자가 되어 보면 더욱 선명히 보이는 것들이 있다. 그렇게 제3자가 되어 아이의 마음을 들여다본다.

압구정에서 일반 유치원이 사라지고 있다

아이가 곧 유치원에 갈 나이다. 나도 여느 4세 엄마들과 다르지 않게, 영어 유치원과 일반 유치원 사이에서 고민한다. 그런데 애초에 비교부터 이상하다. 압구정 주변 5세가 지원 가능한 영어 유치원 약 10개, 반면 일반 유치원은 단 1개뿐이다. 작년까지만 해도 국공립 유치원 1개, 사립 유치원 1개로 압구정 근처에는 2개의 일반 유치원이 있었다. 하지만 사립 유치원이 재정난을 견디지 못하고 폐원한 것이다. 압구정 토박이 엄마 말에 의하면, 30년 전만 해도 이 근방에서 가장 좋은 유치원으로 소문난 곳이었다는데 지금은 가려는 사람이 없다.

일반 유치원이 이토록 살아남기 힘든 이유는, 이곳의 엄마들은 애초에 유치원을 선택할 때, 일반 유치원을 염두에 두지 않기 때문이다. 5세가 되면 어떤 기관을 보낼지 고민하긴 하지만, 선택지에 일반 유치원은 없다. 놀이학교에 계속해서 다닐지, 놀이학교에서 영어 유치원으로 보낼지, 영어 유치원을 보낸다면 어떤 영어 유치원에 보낼지를 고민할 뿐이다. 심지어는 놀이학교가 아닌 일반 어린이집에 다니던 아이들까지도, 일반 유치원은 고려 대상이 아니다. 그렇게 영어 유치원을 졸업시킨 엄마들은 당연하게 사립 초등학교에 지원한다. 이 동네에서도 공립 초등학교에 지원하는 아이들도 종종 있지만, 이유는 일찍 하원한 아이들을 주변의 유명한 학원에 보내기 위해서일 뿐이다. 사립 초등학교와 달리 국공립 초등학교는 일찍 끝나기 때문이다.

'놀이학교—영어 유치원—사립초—유학'의 코스를 정석처럼 생각하는 이 동네에서 공교육이 설자리는 없어 보였다. 완벽한 공교육의 참패였다. 공교육의 주체로서 생각이 많아졌다. 무엇이 엄마들을 이토록 공교육에서 멀어지게 한 것일까. 심지어 공교육자인 나조차도 일반 유치원과 영어 유치원 사이에서 고민하고 있는 것이 현실이었다.

나는 많은 엄마들이 일반 유치원이 아닌 영어 유치원을 선호하는 이유가 결코 공교육의 질에 대한 불신에 있다고 생각하지 않는다. 오히려 나는 '유아 교육'에 있어서만큼은 결코 사교육이 공교육의 질을 넘어설 수 없다고 생각한다. 사실 교육의 질을 결정한다고 할 수 있는 교사의 질이나 교육 과정의 체계는, 사교육이 공교육을 애초에 따라가기 힘들다.

영어 유치원 교사 채용 공고를 보면, 필수 자격 요건에 정교사 자격증은커녕 유아 관련 자격증은 들어가지도 않는다(물론 우대 사항은 된다). 영어 유치원에서 요구하는 단 하나의 필수 조건은 '영어 능통자'로, 영어만 잘하면 누구나 영어 유치원 교사가 될 수 있다. 심지어 보조 교사는 고졸 출신도 지원이 가능하다. 유아 교육에 대한 지식은 전무하지만, 영어를 잘한다는 이유 하나만으로 아이들을 교육한다. 한국말을 잘하면 일반 유치원 교사가 되는 것과 다를 바 없다.

또한 일반 유치원 교사의 경우, 어려서부터 그 직업이 꿈이었던 사람들이 많다. 따라서 직업의식이나 직업 윤리, 아이들에 대한 애정 등이 기본적으로 내재되어 있을 가능성이 높다. 반면 영어 유치원 교사가 꿈인 사람은 거의 찾을 수 없다. 대부분이 아르바이트나 생계유지의 수단으로 선택할 뿐이다. 심지어 영어 유치원에서 근무하는 원어민 중에는, 한국으로 입국한 목적 자체가 본국에서의 도피인 경우도 있다. 이처럼 영어 유치원 교사는 진입 장벽이 너무나 낮고, 따라서 자질이 심히 의심되는 경우가 많다.

교육 과정의 경우, 애초에 사교육 시장은 이윤 창출을 목적으로 하기 때문에, 아동의 전인적인 발달을 위한 내용을 추구할 것이라 기대하기는 힘들다. 오로지 목표는 더 많은 돈을 벌기 위해서 더 좋은 성과를 내는 것뿐이다. 그래서 사교육 시장에서 교육 과정의 내용과 체계는 아이들의 효율적인 성적 향상에만 초점이 맞춰진다. 많은 영어 유치원에서 인성 교육이나 안전 교육이 포함되지 않는 이유이다. 심지어 유아기 아이들의 창의성과 사고력 향상에 반드시 필요한 '자유 놀이'조차 없는 곳도 많다. 그러나 유아기는 반드시 인지적, 정서적, 신체적 발달을 모두 고려해야 하는 시기이다. 언어의 발달은 아이들이 발달시켜야 하는 수많은 능력 중 일부분일 뿐이다.

그렇다면 일반 유치원의 문제는 교육의 질이 아니라, 교육의 내용이라고 생각한다. 정확히는 교육의 내용이 시대의 흐름을 반영하지 못한다고 생각한다. 공교육 체제하에서는 원칙적으로 초등학교 3학년, 10살부터 영어를 배운다. 하지만 이런 원칙은 비단 압구정이 아니라 전국 어디에서도 적용되지 않는다. 이미 대부분의 아이들은 초등학교 이전에 영어를 접한다. 강남처럼 과도한 경쟁 위주의 영어 유치원이 아니더라도, 다양한 사교육과 영상 매체를 통해 영어를 미리 배운다. 그런데 공교육만 영어 교육을 거부하고 차단하고 있으니 학부모는 답답할 노릇이다.

더 이상은 아이들의 발달에 가장 중요한 시기인 유아기를, 교육의 질이 보장되지 않는 사교육에 맡기도록 두어서는 안 된다고 생각한다. 아이를 한 번이라도 어린이집이나 일반 유치원과 같은 공교육 기관에 보내본 학부모들은, 영어 학습을 제외한 부분에서 공교육의 질이 훨씬 높음을 인정한다. 공교육에서는 유아에 대한 이해를 바탕으로 전반적인 생활을 지도하기 때문이다. 그럼에도 차마 영어 교육을 포기할 수 없는 수많은 부모들은, 결국 사교육 기관으로 돌아선다. 차라리 공교육 차원에서 유치원 시기의 영어 교육을 허용하고 지원하는 것이 오히려 아이들의 발달에 도움이 되지 않을까 생각해본다.

이제는 공교육이 시대의 흐름과 학부모들의 요구를 읽을 차례다.

우리가 결국 자녀에게 남겨줄 수 있는 것은 '뿌리와 날개'이다

아이를 낳은 후로 오래도록 고민했다. 그래서 아이를 어떻게 키워야 하는가. 내 육아의 종착점은 어디여야 하는가. 그러던 중 내 머리를 끄덕이게 만든 글귀가 하나 있었다.

우리가 결국 자녀에게 남겨줄 수 있는 불변의 유산은 '뿌리와 날개'이다.

그때부터 나는 아이에게 단단한 뿌리와 날 수 있는 날개를 남겨주어야겠다고 생각했다. 어떠한 상황에서도 언제나 내 편이 되어줄 수 있는 사람이 있다는 믿음을 주는 것, 아이의 마음속에 뿌리를 심어주는 것이다. 스스로 하고 싶은 일을 찾고 행복하게 살 수 있는 의지를 심어주는 것, 아이의 마음에 날개를 달아주는 것이다.

우리는 아이가 어릴수록 뿌리에 집중한다. 그래서 부모는 아이에게 안정감과 애착을 주려고 노력한다. 그러나 뿌리가 채 깊어지기도 전에, 아이에게 날개를 달아주려 노력한다. 누구보다 더 높이,

더 멀리 날았으면 하는 마음에 자꾸만 자꾸만 날개를 키워간다. 그런데 정작 날개의 주인은 날 생각이 없고 부모의 기대, 희망, 허영심 같은 것들이 자꾸만 붙어 날개를 무겁게 한다.

하지만 잘 날기 위해 반드시 필요한 것은 날겠다는 의지와 제 몸에 적당한 날개일 뿐이다. 반드시 높이, 멀리 날 필요도 없다. 저마다 원하는 곳으로, 원하는 높이에서 날면 그것으로 그만이다.

인생은 목적지가 같은 결승점을 향해 다 같이 달려가는 그런 경주가 아니다. 그러니 아이들은 각기 다른 저만의 날개를 가지고, 각기 다른 목적지를 향해 날아가면 된다. 그러다 길에 잘못 들어서거나 너무 지치고 힘이 들거든, 언제든 돌아와 쉴 수 있는 '충분히 깊게 뿌리'를 내린 한 곳만 있으면 된다. 아이에겐 그거면 충분하다.

그래서 나는 아이에게 언제나 말해주고 싶다. "나의 아이야, 스스로 행복할 수 있는 길을 찾거든 언제든 훨훨 날아가렴. 그러다 힘들거나 지치면 언제든 돌아와서 쉬어가도 된단다."

그래서 내 육아의 종착점은 언제 어디서든 같다. 아이가 스스로 행복한 삶을 찾도록 응원할 것, 그리고 동시에 언제든 기댈 수 있는 따뜻한 안식처를 제공할 것.

에필로그

육아는 종교나 정치보다 예민하므로

이 글을 쓰면서 고민이 많았다. 내가 마치 금기어를 내뱉는 것만 같았기 때문이다. 엄마들에게 육아관과 교육관은 마치 종교관이나 정치색과 같다. 굉장히 민감하고도 예민한 것이라 함부로 건드릴 수 없다. 그래서 아무리 친한 사이어도 육아 방식이나 교육 방법에 훈수나 조언을 두는 것은 서로 실례라고 생각한다.

사실 부모들은 저마다 아이에 대한 극진한 사랑을 가진 채 키운다. 그 방법과 과정은 다르지만 마음만은 모두 같다. 그래서 더욱더 타인의 조언이나 충고가 불쾌할 수 있음을 안다. 마치 나의 사랑을 부정하는 것만 같기 때문이다. 그러나 아이를 사랑하는 것과 아이를 이해하는 것은 다르다. 또한 의도가 선했다고 언제나 결과까지 좋을 수는 없다.

그래서 나는 교육자로서, 엄마로서 용기를 내보기로 했다. 물론 나는 결코 이곳의 육아 방식이나 교육 방식에 잘못된 점만 있다고 생각하지 않는다. 글에도 적었듯, 분명 장점도 배울 점도 많은 곳이다. 그럼에도 나는 다시는 돌아오지 않을 아이들의 영유아기를, 책상에만 앉아 흘려보내게 두어서는 안 된다고 생각했다. 아이들은 인생에서 가장 자유로울 수 있는 시기를 마음껏, 온전히 누릴 권리가 있다.

동화책 『돼지꿈』에는 학교와 학원에 지친 한 아이가 나온다. 그리고 아이의 꿈은 '돼지'이다. 그 이유는 마음껏 놀고 싶어서. 분명 나중에 커서 훌륭한 사람이 되라고 열심히 돈을 벌어 학교도 학원도 보내놨는데, 꿈이 '돼지'라니. 그러다 아이는 갑자기 돼지가 되지만, 놀 수 없는 것은 매한가지다. 하지만 아빠와 한바탕 신나게 놀고 난 후 아이는 말한다. "정말 행복했다."

책 속의 아이는 사실 돼지가 되고 싶었던 것이 아니라, 돼지가 되어 '행복해지고 싶었던 것'이다. 아이는 지금 행복하지 않으므로.

그래서 나는 압구정의 엄마들에게, 이 시대의 모든 엄마들에게 묻고 싶다. 당신의 아이들은 지금, 여기서, 충분히 행복한가요? 혹시 당신의 아이도 '돼지'가 되고 싶어 하지는 않나요?

아이들은 아이라서, 행복해야 한다. 무엇을 하지 않아도, 지금 이 순간 행복을 누려 마땅한 존재들이다. 그러니 모든 아이들이 지금 이 순간 행복했으면 좋겠다. 누구에게나 어린 시절은 영원하지 않으므로.

　모든 부모는 아이를 행복하게 만들어줄 의무가 있다. 부모는 아이를 선택했으나, 아이는 부모를 선택할 수 없었으므로, 부모는 부모가 되는 순간부터 아이의 행복을 위해 최선을 다할 이유가 충분하다. 그래서 나는 부모의 '사랑'이라는 이름으로 출발한 모든 것들이 아이들의 현재의 '행복'으로 귀결되기를 간절히 바란다.

… 압구정에는 다 계획이 있다
평범한 초등 교사가 말하는 압구정 육아의 모든 것

펴낸날	초판 1쇄 2022년 4월 8일
지은이	임여정
펴낸이	심만수
펴낸곳	(주)살림출판사
출판등록	1989년 11월 1일 제9-210호
주소	경기도 파주시 광인사길 30
전화	031-955-1350 팩스 031-624-1356
홈페이지	http://www.sallimbooks.com
이메일	book@sallimbooks.com
ISBN	978-89-522-4394-2 13590

※ 값은 뒤표지에 있습니다.
※ 잘못 만들어진 책은 구입하신 서점에서 바꾸어 드립니다.